suhrkamp taschenbuch 2687

In Paris lernt der Ire Arthur Power, Maler und Kunstkritiker, James Joyce kennen. Eine Freundschaft entstand, man traf sich regelmäßig. Die hier aufgezeichneten Gespräche beruhen auf Notizen Powers aus zwanzig Jahren. Von Joyce' Zurückgezogenheit ist die Rede, von seiner Scheu vor Fremden, seiner müden Höflichkeit in Gesellschaft, von seiner Furcht vor einer Heimkehr nach Irland. Besonders reizvoll aber sind die Gespräche über Literatur, die Aufschluß geben über den Standort, den Joyce Kollegen gegenüber einnahm. Von Synge ist die Rede, von Puschkin, Turgenjew, Saint-Simon, Gide, Proust, Eliot und Hemingway. Gespräche wurden auch im wahrsten Sinne über Gott und die Welt geführt: über den Kriminalfall Bywaters und Thompson, aber auch über das Christentum, das, anthropozentrisch, Tiere und Pflanzen vernachlässigte. Arthur Power hat den scheuen James Joyce zum Reden gebracht.

Arthur Power
Gespräche mit James Joyce

Eingeführt und herausgegeben von Clive Hart

Aus dem Englischen von Werner Morlang

Suhrkamp

Titel der Originalausgabe: *Conversations with James Joyce*
Umschlagfoto: Horst Munzig

suhrkamp taschenbuch 2687
Erste Auflage 1996

Druck: Nomos Verlagsgesellschaft, Baden-Baden
Printed in Germany
Umschlag nach Entwürfen von
Willy Fleckhaus und Rolf Staudt

1 2 3 4 5 6 – 01 00 99 98 97 96

Gespräche mit
James Joyce

Einführung

Während geduldige Forschungsarbeit einen großen Teil der entlegeneren Quellen, die Joyce während der Arbeit an seinen Büchern benutzte, zu klären vermochte, war es stets alles andere als leicht, auszumachen, wie weit er die Hauptströmungen der europäischen Literatur kannte oder wie es um seine literarischen Vorlieben und Ansichten bestellt war. Nach der ersten Erwachsenenzeit schrieb er praktisch keine Kritiken, und er war auch nicht geneigt, sich frei vor Journalisten und Gelegenheitsbekannten zu äußern, die sich wiederholt darum bemühten, seine Ansichten zu erfahren. Nur einigen wenigen Freunden war es vergönnt, etwas von der wirklichen Persönlichkeit hinter der höflichen Maske zu ahnen, Freunden übrigens, die, abgesehen von wenigen Ausnahmen (wie etwa Hemingway), keine Literaten waren. Stuart Gilbert war Jurist; Frank Budgen Maler; Arthur Power, ein allgemein gebildeter Mann, der mehr oder weniger durch Zufall Kunstkritiker geworden war, gehörte zum noch kleineren Kreis von Leuten, denen es gelang, Joyce immer wieder in ausgedehnte Unterhaltungen über Literatur und literarische Werte zu verwickeln.

Abgesehen von sporadischen und stets hochspezialisierten Studien in Nachschlagewerken und verhältnismäßig seltenen Büchern – wovon ohnehin ein beträchtlicher Teil von geneigten Helfern ausgeführt wurde – war Joyce meist kein großer Leser, und man tut gut daran, die Tiefe seines literarischen Hintergrundes vorsichtig einzuschätzen. Arthur Powers Gespräche mit Joyce lassen Aspekte dieses Hintergrundes sichtbar werden, die bisher verschleiert wurden oder beinahe unbekannt waren. So erweisen sich Joyces Interesse und Kenntnis was die große Tradition russischer Prosa betrifft als tiefer, als man annehmen mochte, und seine hohe Wertschätzung Eliots (die zuweilen bestritten wurde) steht jetzt außer allem Zweifel fest. Joyces Ausführungen zur Literaturtheorie sind nicht gerade aufregend, und wie immer scheint er längere Diskussionen über seine eigenen Bücher vermieden zu haben. Besonderes Interesse gebührt dennoch ein paar Bemerkungen über *Ulysses* und *Work in Progress*, etwa seiner Antwort auf Powers Frage, was sich eigentlich zwischen Bloom und Gerty MacDowell abgespielt habe: »Nichts hat sich zwischen ihnen ereignet ... Alles spielt sich in der Einbildung Blooms ab.« Eine Bemerkung, die, indem sie den Stellenwert der ersten Hälfte der »Nausikaa«-Episode leicht verändert, mithelfen mag, die doch ziemlich verschiedenen Rollen zu erklären, welche die Mädchen drei Stunden später in den Bordell-Szenen spielen.

Joyce und Power hatten einige Dinge gemein. Beide waren in frühem Alter aus der Kirche ausgetreten; beide waren aus Irland geflohen, in dem ihnen manches mißfiel. Im ersten Kapitel dieses Buches liefert Arthur Power ein erfrischend ehrliches Selbstporträt als junger Mann von gerader und offener Wesensart, begierig, wie Joyce, sich in eine Kultur zu vertiefen, die aufregender als alles schien, was sein Heimatland anbieten konnte. Obwohl ihm die eigene Persönlichkeitsentwicklung weniger zu schaffen machte als Joyce, war sich Power vergleichbarer Spannungen lebhaft bewußt, und sein Bericht über den bedeutsamen Augenblick der Ersten Kommunion, in dem eine schwindende religiöse Überzeugung mit einem zunehmenden sexuellen Interesse zusammentraf, hat einige Ähnlichkeit mit Erfahrungen des heranwachsenden Stephan Dedalus. Dennoch gab es starke Wesensunterschiede, die, wie Power berichtet, Joyce gelegentlich zu milden Proben höflicher Verärgerung veranlaßten, angesichts der hartnäckigen Beteuerung des Wertes jener Literatur, die sein junger Freund zu verteidigen sich unterfing. Nach einem etwas zögernden Anfang (eine Erfahrung, die viele Bekannte von Joyce machen mußten) blühte die Freundschaft zwischen Power und der Familie Joyce in den zwanziger Jahren, denn abgesehen von seinem anziehenden Naturell hatte Power die in Joyces Augen wichtige Tugend, nicht nur Ire, sondern auch redselig zu sein. Zwar war die Zeit der Arbeit am *Ulysses* vorbei, und Joyce war nicht mehr auf irische Freunde angewiesen, die seine Erinnerung der Topographie Dublins bestätigten oder modifizierten, aber während der Entstehung des *Work in Progress* ergriff er jede Gelegenheit, um Benutzern der heimatlichen Sprechrhythmen zuzuhören. Zu diesem Zweck kam ihm Power sehr gelegen, und es scheint fast, als habe Joyce ihm für die häufigen freundschaftlichen Unterhaltungen heimlich seinen Dank abgestattet, indem er ihm in *Finnegans Wake* erlaubte, zusammen mit Frank le Poer (»Ghazi«) Power unter dem Pseudonym »gaspower« aufzutreten.

Power hat nicht nur über literarische Gegenstände Wertvolles beizutragen. Er bietet uns viele Einblicke in Joyces Gewohnheiten und seine Vorlieben in weltlicheren Angelegenheiten. Joyces starkes Interesse am berühmten Fall Bywaters und Thompson von 1922 gibt uns Hinweise auf weitere Bedeutungsmöglichkeiten in Teilen von *Finnegans Wake*, und die kleinen Vignetten, die Power von Joyce und seiner Familie während der Arbeit, aber auch unter geselligen Umständen entwirft, gehören zu den lebhaftesten, die je überliefert wurden. Nur wenige unter Joyces irischen Freunden waren bereit, uns einen ausführlichen Bericht über Joyce, wie sie ihn kannten, zu geben; wir sind sehr glücklich, daß sich Arthur Power nun zu ihnen gesellt hat.

Clive Hart

Vorwort

In den vorliegenden *Gesprächen* habe ich versucht, einige aus verschiedenen Zeiten stammende Unterhaltungen mit Joyce zu rekonstruieren, mit Hilfe von Notizen, die ich jeweils nach einem mit ihm verbrachten Abend zu Hause niederschrieb.

Es ist mir bewußt, wie ungenügend vieles ist, denn vieles von dem, was damals gesprochen wurde, ist verloren gegangen oder unzulänglich ausgedrückt. Um einen Menschen von so außergewöhnlicher Begabung darzustellen, müßte man jedoch selber ähnlich begabt sein; einen ebenso tiefen Einblick in die gesellschaftlichen und psychologischen Veränderungen seiner Zeit haben und *seine* fast qualvolle Fähigkeit, ihn auszudrücken.

Zudem ist mir bewußt, daß ich, der im Temperament und Denken so anders Geartete, zu sehr darum bemüht war, meinen eigenen Standpunkt darzustellen. Ich kann dazu nur sagen, daß dem eben in Wirklichkeit so war: ich war sehr gesprächig und Joyce, seiner Natur gemäß, schweigsam.

Zur Zeit, da diese Gespräche stattfanden, war ich ein romantisch gesinnter junger Mann. Inzwischen haben sich meine Ansichten denjenigen von Joyce angeglichen, aber damals waren sie eben so, wie ich sie in der Darstellung belasse. Um dem Leser einen Begriff von meiner jugendlichen Persönlichkeit und meinen Interessen zu geben, habe ich dem Buch einen kurzen Bericht über meine frühen Jahre in Irland, London und Paris vorangestellt.

A. P.

1. Kapitel

Vorspiel

Jene frühe Liebe, die ich für Frankreich empfand, war mir wohl angeboren. Denn, wie ich mich erinnere, war ich kaum vierzehn Jahre alt, als ich meine Mutter zu überreden vermochte, die Weihnachtsferien in Boulogne zu verbringen, indem ich darauf hinwies, es wäre eine prächtige Gelegenheit, unser Französisch aufzufrischen. Wir überquerten den Kanal auf einem Raddampfer und stiegen in einem grämlichen, alten, von langen Korridoren durchzogenen Hotel ab, das an einer breiten kopfsteingepflasterten, einen steilen Hügel hinaufführenden Straße lag. Gegenüber befand sich das mächtige gotische Kirchengebäude, wo wir sonntags zur Messe gingen und wo mich sogleich der Unterschied zwischen der Zeremonie, wie sie mir aus England und Irland vertraut war, und der französischen faszinierte. Im Innern der Kirche vermietete eine Frau, die einen schwarzen gestrickten Schal und ein Kopftuch trug, hölzerne Stühle an die Gemeinde. Mit hohen Lehnen versehen, schmal und sehr unbequem, machten sie das Knien zu einer Bußübung, und wenn man sie zum Sitzen während der Predigt umdrehte, scharrten sie geräuschvoll am Steinboden. Dann gab es da die kleinen Brotstücke, die vor der Kommunion in einem Korb herumgereicht wurden; und jenen runden schwarzseidenen Beutel am Ende eines langen Stockes, der vor den Andächtigen entlanggeschoben wurde, um die Sous einzusammeln; endlich den großartigen Kirchendiener mit seinem Dreispitz und dem goldknaufigen Stab, den Kniehosen und seidenen Strümpfen, der so gebieterisch einherschritt, ganz im Gegensatz zum schlurfenden alten Mann im gewöhnlichen schwarzen

Anzug, der die gleiche Funktion in der Kirche von Hampstead versah, die meine Schule an Sonntagen besuchte.
An den Nachmittagen pflegte ich in der fremden Stadt herumzuwandern, belauschte in den Cafés entzückt das fremdsprachige Geplauder, das ich schon ein wenig verstand, und labte mich an den verschiedenen Gerüchen und Düften – viel bessere Gerüche und Düfte, als mir je zuvor begegnet waren. Ich murmelte zufrieden vor mich hin: »Das ist es, was mir gefällt.« Denn ich fühlte mich hier mehr zu Hause als in meinem Heimatland oder in London.
Auf der Schule in Hampstead hatte ich nur die Brutalität einer zusammengepferchten Horde wilder Knaben kennengelernt, eine gewalttätige und grausame Welt, die ich haßte und in der ich wiederum gehaßt wurde. Mein dortiges Leben war eine Wildnis, aus der es keinen Ausweg zu geben schien. Ich war wohl ungewöhnlich sensibel, was sich zu meinem Nachteil auswirkte, denn so wurden die Mitschüler um so mehr verlockt, mich zu quälen. Indessen wurde mein unglückliches Dasein etwas erträglicher, als eines Tages eine junge und attraktive Lehrerin aus Frankreich zu uns kam. Ich erkannte sogleich den Unterschied zu den anderen steifen, grobknochigen Frauen, die uns im allgemeinen unterrichteten. Während der Schulausflüge durfte ich meist an ihrer Seite gehen, während auf der anderen Seite – und ein solches Schicksal scheint lebenslang mein Verhängnis gewesen zu sein – ein großer blonder Junge namens Rusborne ging, und dieser war es, der vornehmlich in ihrer Gunst stand, ein schweigsamer und beherrschter Jüngling, dem meine glühenden Gefühle völlig abgingen und der sich gegenüber der Zuneigung, die sie ihm bezeigte, offenbar ziemlich gleichgültig verhielt.
Die Zeit hat meine Eindrücke verwischt, und heute sehe ich meine Jugend in schwachen Nebel getaucht,

aus dem sich bestimmte Dinge scharf abheben, während andere versunken sind. Aber Mademoiselle gehört zu meinen deutlichsten Erinnerungen. Sie muß hübsch gewesen sein, denn ich entsinne mich, daß junge Männer, denen wir auf unseren Ausflügen begegneten, sich an eine Backsteinmauer lehnten und, wenn wir vorübergingen, zu ihr sagten: »Miss, dürfen wir an Ihrem Unterricht teilnehmen?« Auf diesen Spaziergängen erzählte sie von Paris, und ich erinnere mich an ihre Schilderungen dieser fröhlichen und, wie ich mir dachte, einfach hinreißenden Welt. »Ach, Paris«, rief sie manchmal aus, »das ist schon was Besonderes! Hier gibt es nichts außer Nebel und Regen.« Dann beschrieb sie die Opéra, wo ihr Vater Orchestermitglied war – *»une scène superbe – les loges ...«*, wo *»des gens chics«* Aufführungen von Verdi- oder Rossini-Opern beiwohnten. Sie beschrieb die Boulevards, ihre lichterlohe Pracht, die überfüllten Cafés. In einem Anflug von jugendlich überschäumender Vertraulichkeit erzählte sie mir einmal, wie sie sich zu Hause damit vergnügt hatte, ihrem jungen Verehrer den Schnurrbart zu zwirbeln.

Ihre Schilderungen des Pariser Lebens berückten meine jugendliche Fantasie, da sie einer Quelle entsprangen, die mir unbekannt war. Später kam mir freilich der Gedanke, sie habe einen verborgenen Atavismus in mir aufgerührt, denn ich heiße ja Power: die entstellte irische Form von Poer oder Poher, des Namens einer ursprünglich normannischen Familie, die vor vielen Jahrhunderten mit Strongbow nach Irland gekommen war, um sich in der Gegend von Waterford niederzulassen. Unser Familienwappen stammt aus Frankreich: ein Hirsch, der – in Anspielung auf die Legende vom heiligen Hubertus – ein Kreuz zwischen dem Geweih trägt, mit dem Wahlspruch: *Per Crucem ad Coronam.*

Die französische Herkunft meiner Familie wurde außerdem von meiner Großmutter akzentuiert, einer

Miss Kane, die in Frankreich aufgewachsen war und meinen Großvater auf dem Britischen Konsulat in Paris geheiratet hatte. Als sie neuvermählt nach Waterford kam, ging sie sogleich daran, die massive ebenmäßige Georgianische Fassade unseres Hauses mit einem sechseckigen, zweireihigen Balkon aus Granit zu durchbrechen, der sich nach dem Vorbild französischer Châteaus vorwölbte. Die Eingangshalle und die Bibliothek schmückte sie mit Wandteppichen aus Lyon und Courtray; auf einem von ihnen war »Persephones Abstieg in die Unterwelt« dargestellt, auf einem anderen »Die Begegnung Salomons mit der Königin von Saba«. In die Bibliothek hängte sie einen riesigen Wandteppich, auf dem Neptun seine Seepferde durch das sturmgepeitschte Meer lenkte. Den Salon stattete sie mit goldverzierten, marmornen Directoiretischen aus und einer Garnitur Louis XVI-Stühlen und Sofas, mit Bergère-Drucken dekoriert, auf denen vornehme Schäferinnen im galanten Gespräch mit ebenso galanten und feingekleideten Schäfern abgebildet waren, all dies einer vergangenen Welt zugehörig, der aristokratischen.

Als ich in meiner frühesten Kindheit, jenem Lebensabschnitt, da alles in Einbildung und Traum aufgeht, dort zu Besuch war, muß ich einen starken Eindruck empfangen haben: das alte Georgianische Haus mit seinen Wandteppichen, vergoldeten Möbeln, Spiegeln und der hellblauen Bergère-Garnitur im Salon, umgeben von Rasen und Gebüsch, der Fluß, der zwischen den Bäumen am Fuße des frontal liegenden Landes hindurchschimmerte. Die Bäume hatte meine Großmutter gepflanzt, um den ungestümen, ewig ruhelosen Fluß Suir zu verbergen, der, gezeitenabhängig, entweder bis zur Stadt Waterford hinaufflutete oder an seinen weitverstreuten Schlammbänken vorbeischoß und die Schiffsbojen umschäumte. Ich (der sie nie gekannt hat)

erfuhr, sie hätte ihn ganz aus dem Gesichtsfeld verdrängen wollen.
Meine jugendliche, glühende Verehrung gehörte der französischen Mademoiselle. Zweimal in der Woche wurden wir in die kleine römisch-katholische Kirche von Hampstead geschickt, um von einem irischen Priester, einem stattlichen, frommen alten Mann mit pergamentzäher Haut, unterrichtet zu werden. Wir pflegten auf einer Bank in der Sakristei zu sitzen, umdünstet von Weihrauch, Blumen und Meßgewändern.
Ich entsinne mich, daß mich seine religiösen Ausführungen schon damals nicht sonderlich beeindruckten, was ihm nicht verborgen blieb; er muß wohl den künftigen Ketzer in mir gewittert haben. Einmal unterbrach er plötzlich den Unterricht, schaute mich an und sagte: »Ich weiß, was einmal mit dir geschehen wird.« Noch heute kann ich mich an diese Worte erinnern, obwohl ich ihre Bedeutung damals nicht verstand. Er muß wohl gemeint haben, daß ich kein gläubiges Mitglied der römisch-katholischen Gemeinde bleiben würde. Dennoch erwartete ich mit einiger Aufregung den großen Tag, in der Hoffnung, ein Wunder, ein jähes, mystisches Ereignis werde meine Welt verändern und mir Glückseligkeit bringen.
An der Feier sollte Mademoiselle, als Tochter eines Musikers, Orgel spielen, und ich kann mich an mein Entzücken erinnern, als sie mir, unter der galanten Begründung, ich sei ein kräftiger Junge, mitteilte, sie hätte mich auserkoren, den Blasebalg zu bedienen. Meine Vorfreude beim Gedanken, kurz vor der Ersten Kommunion allein mit ihr im Chor sein zu dürfen, nahm allerdings stark ab, als sich herausstellte, daß ich bloß in einem dunklen muffigen Loch stehen und einen altmodischen hölzernen Griff auf- und niederhebeln mußte. Diese Arbeit langweilte und ermüdete mich gar so sehr, daß ich einige Male dabei aussetzte und die

Orgel nur noch schwach aufpiepste, worauf sie ausrief: »*Qu'est-ce qui se passe, alors?*« Mehr aus Liebe denn aus Pflichtgefühl machte ich mir wieder am Blasebalg zu schaffen, aber so hatte ich mir die ideale Vorbereitung auf den Empfang des Heiligen Altarsakraments gewiß nicht vorgestellt.
Als der erhabene Augenblick kam, rief sie mich, und wir knieten zusammen am Geländer des Chores nieder und sahen in die Kirche hinunter. Und da ich aufstand, um hinunterzugehen – ein Augenblick, den ich in unverminderter Klarheit über alle Jahre hinweg im Gedächtnis bewahrt habe –, küßte sie mich auf den Mund. Ich stieg die enge Wendeltreppe hinunter, um, mit den Spuren menschlicher Liebe auf den Lippen, göttliche Liebe zu empfangen – etwas, das ich ein ganzes Leben lang zu wiederholen versuchte.
Ich glaube nicht, daß eine Engländerin oder auch (obwohl dies eher möglich gewesen wäre) eine Irin sich so hätte verhalten können. Aber bei den Romanen kommt der Liebe eine mystische Eigenschaft zu, das Ergebnis einer langen römisch-katholischen Tradition. Als ich in Spanien war, faszinierten mich die Bilder junger spanischer Hochzeitspaare, die in den Schaufenstern der Photogeschäfte ausgestellt waren: die dunkelhäutigen, sanftwangigen, ernst blickenden Bräute mit ihren weißen Spitzen-Mantillas, gekrönt von einem Schildpatt-Kamm; daneben der Bräutigam, ebenso ernst mit weißer Hemdbrust und Frack; man fühlte, daß in der Vollziehung einer Ehe etwas Sakramentales liegen solle.
Französische Hochzeiten mögen sich nüchterner ausnehmen, dennoch lassen auch sie die Qualität der Heiligkeit empfinden, und zweifellos war das der Grund, weshalb Mademoiselle mich zu sich auf die Empore mitnahm und mich küßte, bevor ich zur Kommunion hinunterging – eine französische Finesse und Intrige.

Es versteht sich von selbst, daß ich einen glückseligen Tag verbrachte. Die Hoffnung, meine Welt würde sich verändern, hatte sich erfüllt, wenn auch auf überraschendere Weise als ich geahnt hatte. Ich war darauf bedacht, für den Rest des Tages solange wie möglich allein zu bleiben, damit keine rohe Begegnung mein Gefühl der Heiligkeit trüben könnte. Gewiß, diese Dinge scheinen sehr fern zu liegen, aber sie fallen mir ein, wenn ich rückblickend zu erklären versuche, warum ich seit je das Bild Frankreichs, und vor allem Paris', insgeheim in mir hegte.

Erst als der Weltkrieg zu Ende war und ich nach unzähligen medizinischen Untersuchungen aus der Armee entlassen wurde, konnte ich mir meinen sehnlichsten Wunsch erfüllen. Zunächst fuhr ich nach Italien und machte in Florenz Halt, wo ich mir die Feste in den alten Palästen, den an ihren Mauern vorbeifließenden ungestümen Arno und die berühmte, etwas weiter unten befindliche, Häuschen tragende Brücke der Goldschmiede zu Gemüte führte. Die modernen Florentiner schienen so fröhlich und amüsant wie ihre unternehmungslustigen Vorfahren.
Dann zog ich nach Rom weiter, wo ich ein Museum nach dem anderen besuchte, schließlich aber fühlte ich mich von diesen gewaltigen Sammlungen aus der Vergangenheit erdrückt. Ich wollte die Kunst als etwas Lebendiges, ich wollte die Stätten, wo sie gerade geschaffen wurde, und die Männer kennenlernen, die sie schufen; ich wollte die noch ungetrocknete Farbe auf der Leinwand sehen oder, bei einem Schriftsteller, die von seiner Hand korrigierten Seiten. Mit anderen Worten, Paris war mein Ziel.
Nachdem ich also in Italien Pisa, Florenz und Rom bereist hatte, kam ich endlich in der französischen Hauptstadt an, erschöpft von der beschwerlichen

Fahrt, denn damals befand sich ganz Italien im Streik. Ich hatte einen der seltenen überfüllten Züge erwischt, in denen sich Beamte damit vergnügten, die Gänge abzuschreiten, die Reisenden zu belästigen und ihr Gepäck, das sich in den Gängen anstaute, mit Fußtritten aus dem Weg zu schaffen. Glücklich über das Ende der Reise taumelte ich endlich aus dem Zug und betrat das dem Gare St Lazare zugehörige Hôtel Terminus. Dieses war ein lärmiger betriebsamer Ort, fast wie der Bahnhof, mit seinem ständigen Kommen und Gehen und den Mengen in der Halle aufgestapelter Gepäckstücke.

Nachdem ich während einiger Tage die Stadt durchstreift hatte, entschloß ich mich, ins Quartier Latin zu ziehen, wo die Studenten und, wie ich glaubte, die Künstler wohnten. Ich war sehr erfreut, am Place de la Sorbonne ein Hotel zu finden, das dem glanzvoll illuminierten Café d'Harcourt gegenüberlag. Das Hôtel Moderne, wie es hieß, war nichts Besonderes, abgesehen davon, daß es seinen Namen zu Unrecht trug: es war nämlich sehr alt, hatte meterdicke Wände und kleine, niedrige Zimmer.

Da ich in der Stadt keinen einzigen Menschen kannte, spazierte ich ziellos herum, denn Paris ist viel zu interessant, um in einem Bus oder in der Métro durchrast zu werden. Abends schlenderte ich an den Studenten-Cafés des Boulevard St Michel vorbei. Ich schaute mich nach Künstlern um, doch obwohl ich hin und wieder einen schwarzen Hut und ein wehendes Halstuch erspähte, waren sie spärlich und weit verstreut. Da mich das ungebärdige Treiben der Studenten allmählich ermüdete, machte ich lange Spaziergänge auf dem Montmartre-Hügel, wo, wie ich wußte, viele große Impressionisten gelebt und gearbeitet hatten. Aber das Quartier von Montmartre hatte sich seit jener Zeit stark verändert, und am Boulevard Clichy wimmelte es nun von windigen Kneipen und teuren Nachtlokalen, wo sich ganz Amerika und Europa einem ausschweifenden Leben hingab. Erst auf der Anhöhe, im Umkreis der Kirche Sacré Cœur war es ruhiger, und von hier aus konnte ich, wenn ich mich über eine zeitgeschwärzte Mauer beugte, das in Licht getauchte Paris vor mir ausgebreitet sehen.

Aus einem unerklärlichen Grund, so schien mir, waren die zeitgenössischen Künstler an einen andern Ort gezogen, denn die Leute, die auf den Café-Terrassen saßen, waren offensichtlich gewöhnliche Leute oder Vergnügungsreisende aus dem Ausland und der Provinz. Ich gab aber die Suche nicht auf, und als ich eines Abends zufällig durch das rings von Bäumen umschattete obere Ende des Jardin du Luxembourg spazierte, gelangte ich auf einen Boulevard. Als ich ihn etwa zur Hälfte gegangen war, kam ich zu einem Café, auf dessen Terrasse lebhaft aussehende junge Männer saßen. Als ich mich an einen Tisch setzte, hörte ich zu meiner Freude, daß sie über Kunst sprachen und dabei die Namen von Degas, Renoir und anderen Künstlern erwähnten. Nach einer Weile kam ich mit einem aufgeweckten, geistreichen jungen Mann ins Gespräch, der sich später als der Bildhauer Zadkine herausstellte.

Vielleicht weil er in England aufgewachsen war, verhielt er sich einem beliebigen Engländer oder Iren gegenüber wohlwollender als die anderen. Jedenfalls lud er mich eines Tages ein, sein Atelier zu besuchen und seine Arbeit zu besichtigen.

Es lag in einem Nebengäßchen der Rue de Sèvres und man betrat es durch ein Pförtchen, das in den von einem Rebenspalier durchzogenen Hof führte. Rechts war der Eingang, und war man in völliger Dunkelheit ein paar Stufen hinaufgegangen, so stand man auf dem Treppenabsatz vor der Tür des Ateliers. Es war ein riesiges Zimmer; eine Ecke wurde von einem großen Fenster eingenommen, das mich mit seinen unzähligen Scheiben stets an das Fenster auf Rembrandts Bild »Der Philosoph« erinnerte. Die weite Bodenfläche war von Zadkines Skulpturen bedeckt. Am Eingang stand eine lebensgroße Holzfigur, die Johannes den Täufer darstellte: hohlwangig mit hervortretendem Knochengerippe, der Mann der Heuschrecken und des Honigs. Daneben die weiße Marmorfigur eines nackten Mädchens, von einem glänzenden Flügel umfaßt: »Leda und der Schwan«. Rechts in einer Ecke zeigte er mir eine Gruppe insektenartiger Figuren auf einem hölzernen Sockel, die sich trauernd um eine einzelne liegende Figur beugten: »Hiob und seine Tröster«.

Auf der gegenüberliegenden Seite war eine Trennwand um einen Ofen herum angebracht, dessen schwarzes Rohr sich schlangenartig die Wand hinaufwand, um schließlich durchs Fenster zu verschwinden. In dieser Nische befanden sich ein Tisch, einige Stühle und ein volles Büchergestell.

Zadkine war ein unterhaltsamer und zungenfertiger Plauderer, der das Wort »Skulptur« jeweils mit einer besonders sinnlichen Nuance aussprach. In jedem Stück Holz oder Stein, so erklärte er, sähe er eine Form eingeschlossen, die ihrer Erlösung harre. In einem unscheinbaren Baumstamm hatte er seinen »Johannes« entdeckt und ihn dann freigesetzt. In einem Stück weißen Marmors hatten seine »Leda und der Schwan« geschlummert. Und während er mir den wuchtigen Holzklotz zeigte, an dem er gerade arbeitete, behauptete er: »Dadrinnen lebt der prachtvollste Hirsch, den Sie sich vorstellen können, der aus den Steppen Rußlands hierher gekommen ist, um in diesem Pariser Atelier von mir freigelassen zu werden.« Dann führte er mich zum Fenster und wies in den Hof hinunter, wo ich zwei mächtige Stämme aus hellem Holz erblickte, die zu archaischen Figuren geschnitzt und weil das Atelier sie nicht aufnehmen konnte, draußen aufgestellt waren. »Gog und Magog«, erläuterte er, »die aus dem Wald von Vincennes stammen und jetzt die Vorzüge meines schönen Hofes genießen können. Eine Skulptur sollte lebensfähig sein. Am frühen Morgen schläft sie. Wenn es heller wird, wacht sie auf und verändert sich von Stunde zu Stunde, bis sie am Mittag ihren Zenith erreicht, einer Rose vergleichbar, oder einer Frau in der Erfüllung der Liebe. Und am Abend schließt sie sich wie eine Blüte, um beim ersten Lichtstrahl neu zu erstehen.« Während dieser Ausführungen braute er mir in einer beduinischen Kaffeekanne, die einen gehämmerten Kupferboden und einen verzierten Schnabel hatte, einen Kaffee.

Trotz meines Wunsches, mit Künstlern und Bohemiens zu verkehren, kleidete ich mich, vielleicht wegen meiner Ausbildung in der Armee, immer noch konventionell und trug zuweilen sogar einen Regenschirm bei mir.

»Sie kleiden sich zu umständlich«, rügte mich Zadkine. »Denken Sie nur an Nina«, fuhr er fort, indem er sich auf eine gemeinsame Freundin von uns, eine Engländerin, bezog. »Jedesmal wenn ich ausgehe, wedelt sie mit ihrer fürchterlichen Kleiderschleppe den Boulevard hinauf und hinunter. Wenn wir nach Paris kommen, sollten wir unsere Schleppen ablegen. Sie sind uns hier nur im Weg.«

Als ich am Tisch neben dem Ofen saß und ihm zuhörte, sah ich, daß sich auch einige englische Bücher auf den Regalen befanden: Swifts *Gulliver's Travels* und seine hervorragenden, eigenartigen *Instructions to Servants*.

»Ich habe sie aus London mitgebracht«, erzählte er mir. »Meine Bücher sind mein Gewissen. Sie müssen mich überallhin begleiten. Außer ihnen ist von meiner englischen Vergangenheit nichts übriggeblieben, denn jetzt bin ich ein Pariser, oder vielmehr international. Wie unsere Schleppen müssen wir auch unsere Nationalität ablegen.«

Als ich ihn einige Tage später auf dem Boulevard traf, teilte er mir mit, daß er in Savoyen Ferien machen wolle, wo es ein paar alte Männer gebe, die »erstaunliche Sachen mit Schlangen machen und die ich in einer Skulptur darstellen möchte.« Er fragte mich, ob ich während seiner Abwesenheit sein Atelier übernehmen wolle. In Anbetracht meiner damaligen Wohnverhältnisse in jenem Hotelzimmer an der Place de la Sorbonne zog ich den Reiz seines Ateliers, eines der wunderlichsten und originellsten in Paris, bei weitem vor. Kurz danach zog ich ein und mischte mich unter die hölzernen Bewohner, eine schweigsame und fantastische Gesellschaft, die, so bildete ich mir ein, stets meine nächtliche Heimkehr aus dem Café erwartete. Den Morgen verbrachte ich meistens in der abgetrennten Nische und las Zadkines Bücher oder versuchte mich selber im Schreiben. Am Abend ging ich gewöhnlich in das Café Rotonde und das Dôme an der Ecke des Boulevard Raspail und des Boulevard Montparnasse.

Zu jener Zeit befand sich die künstlerische Welt im Aufruhr. Die jungen Künstler, die aus dem Krieg zurückgekehrt waren, bekundeten ihre Entschlossenheit, eine neue Kunst zu schaffen, die dem modernen Leben Ausdruck verliehe; Marinettis berühmtes Futuristisches Manifest übte schon einen beträchtlichen Einfluß aus. Er hatte verkündet, daß die Künstler eine noch nie dagewesene Kunst schaffen müßten, die alle Gesetze der Akademien und Ateliers aufheben würde. »Das Klassische geht uns nichts an. Wir stehen am Beginn einer neuen Epoche« – ein Manifest, das übrigens in Paris auf die Rive-Gauche-Intellektuellen einen stärkeren Einfluß ausübte als in Marinellis museenübersätem Rom, wo es herausgekommen war. Wie immer am

Anfang von abenteuerlichen Unternehmungen herrschte eine schreckliche Verwirrung, und es gab unzählige Fehlstarts, die von falschen Führern verschuldet wurden. Jedermann experimentierte wild drauflos und Neuerungen standen hoch im Kurs; auf allen Wegen und mit allen Mitteln suchte man neue Ideen. Ein Komponist, ein Freund von Joyce, schrieb ein Musikstück für hundert mechanische Klaviere sowie zahlreiche andere mechanische geräuscherzeugende Geräte.

Damals waren das »Rotonde« und das »Dôme« die zwei wichtigsten Künstler-Cafés. Im Rotonde pflegten Romanen und überhaupt Festlandeuropäer, Franzosen, Spanier, Russen und andere Slawen, zusammenzukommen. Es bestand vornehmlich aus einem länglichen, niedrigen Raum mit den üblichen viereckigen Marmortischen, an dessen Wänden unzählige Bilder hingen. In einem Durchgang befand sich der traditionelle *comptoir* mit verzinkter Theke, wo man vor der Reihe aluminiumverchromter Armaturen, im Lärm und Geschrei der Kellner, die ihre Bestellungen ausriefen, seinen Morgenkaffee trank und eine *brioche* aß. Draußen ging die Café-Terrasse auf den Boulevard Montparnasse hinaus, und direkt gegenüber befand sich der Stationseingang zur Nord-Süd-Métro-Linie. Vorbeikommende Touristen pflegten neugierig und verächtlich die debattierenden Intellektuellen zu mustern, die auf der Terrasse saßen.

Im Winter war die Terrasse von einer Glaswand umschlossen, und in Abständen waren Holzkohleöfen aufgestellt, aber trotz dieses Schutzes war man bald nur zu froh, das Innere aufsuchen und im eigentlichen Café sitzen zu können. Hier strömten ununterbrochen Leute herein und hinaus: Künstler, Modelle, Viveurs und politische Revolutionäre. Trotzki hatte hier vor dem Ersten Weltkrieg verkehrt, und selbst zu der Zeit von der ich spreche, konnte man Gruppen von Spaniern sehen, die sich in einer Ecke zusammendrängten und den späteren Bürgerkrieg planten.

Gleich gegenüber, auf der anderen Seite des Boulevards, befand sich das Café du Dôme, das bevorzugte Lokal der Englischsprachigen: der Engländer, Iren, Amerikaner sowie einiger weniger Dänen, Schweden und Norweger. Innen bot das Dôme weniger Platz als das Rotonde, denn fast die ganze linke Seite wurde von einem großen halbkreisförmigen comptoir eingenommen.

Die hinteren Räume waren langweilig, fantasielos eingerichtet; hohe Fenster gingen auf die düsteren, nichtssagenden Häuser der Rue de Lambre, einer wie die berühmte Rue Morgue melancholischen Straße, deren lange, gleichförmige Häuserreihe von der Mauer des Montparnasse-Friedhofes abgeschlossen wurde. Eine weite und gut ausgestattete Terrasse entschädigte für das eher bedrückende Intérieur. Hier, wie auch auf der Terrasse des Rotonde, pflegten die Intellektuellen abends ein stattliches Gefolge anzuziehen, und wenn man sich nachts von weitem dem von einem Lichtschleier umwobenen Café näherte, gemahnte es an einen riesigen, von unzähligen Bienen umschwärmten Korb. Sogar am Nachmittag fand sich stets ein Grüppchen dort ein, erkennbar an den bunten Hemden, den Sandalen und der einfallsreichen Kopfbedeckung, das sich offensichtlich absonderte und stundenlang dem geschäftigen Boulevard zuschauen konnte. Ja, an den heißen und hitzigen Pariser Nachmittagen habe ich schon erlebt, daß ihre zur Schau gestellte Trägheit und Absonderung vorbeifahrende Lieferwagenchauffeure und andere so sehr verdrießen konnte, zumal deren Nerven bereits vom Straßenverkehr gereizt waren, daß diese am Randstein anhielten und die halb schlafenden, bewegungslosen Intellektuellen mit Schmähungen überschütteten. Es gab einen Mann, der jeden Abend vorfuhr und seinen Lieferwagen genüßlich vor der Café-Terrasse parkte. Der Wagen trug die Aufschrift: »Spezialisiert auf Ratten-Vertilgung« – das war offensichtlich sein Unternehmen –, denn wie die Intellektuellen das Bürgertum hassen und verachten, so haßt und verachtet dieses seinerseits die Intellektuellen.

Ich könnte nicht sagen, daß ich ursprünglich mit der Absicht nach Paris ging, mich nach Arbeit umzusehen; dieser Gedanke war mir sogar widerwärtig. Doch obwohl ich es vorzog, die Cafés zu besuchen, auf den Boulevards zu flanieren, meine Freunde zu treffen und mich allgemein zu bilden, geriet ich unversehens in die Rolle eines freien Kunstkritikers für den *New York Herald*.

In London hatte ich während des Krieges den amerikanischen Bildhauer Jo Davidson kennengelernt. Damals verkehrten wir beide im Café Royal in Piccadilly, das einen gewissen prickelnden Glanz ausstrahlte. Da ich so lange unter Soldaten gelebt hatte, wußte ich nichts von Künstlern, aber nun entschloß ich mich, im Fall meines Überlebens selber Künstler zu werden, denn ihre Lebensform war die einzige, und sie waren der einzige Menschenschlag, die mich interessierten.

Jo Davidson war der erste internationale Künstler, den ich kennenlernte. Ich war fasziniert von seinem Geist, seiner Vitalität und seiner Unabhängigkeit von allen geheiligten Werten, deren Verehrung mir anerzogen worden war, die mich aber insgeheim belustigten; das entging freilich den Spießern nicht, und sie zahlten es mir auf ihre hinterhältige Weise heim.

Ich holte ihn abends im Buchladen von Dan Rider, einem ebenfalls fröhlichen und angenehmen Menschen, ab. Dann spazierten wir zusammen zum Café Royal, anschließend zu irgendeinem Restaurant, und oft landeten wir frühmorgens in einem Nachtlokal, umgeben von einem Schwarm hübscher Mädchen, die sich von Davidsons Persönlichkeit angezogen fühlten.

Jetzt, da der Krieg zu Ende war, hatte er sich in Paris niedergelassen, wo er eben an der überdimensionalen Skulptur eines »Landsers« arbeitete, die auf dem Amerikanischen Friedhof aufgestellt werden sollte. In dieser Zeit schlug er vor, mir eine Arbeit beim *New York Herald* zu verschaffen, für den ich eine wöchentliche Spalte unter der Überschrift: »Rund um die Ateliers« zu verfassen hätte. Seiner Meinung nach waren dort gewaltige Dinge im Schwang, über die das Publikum nichts wußte.

»Nichts gegen Ausstellungen«, betonte er. »Sie werden gut annonciert, und die Leute nehmen sie zur Kenntnis. Was aber fehlt, ist ein Bericht über die tägliche Arbeit, die in all den vielen Ateliers im Umkreis von Paris vor sich geht.«

Als ich diese Mission übernahm – denn als solche betrachtete ich sie –, suchte ich deshalb die verschiedenen Künstlerateliers auf. Das allein war ein Abenteuer, da die Künstler oft an seltsamen und unzugänglichen Orten lebten und man baufällige Treppenhäuser hinauf und gefährlich knarrende Balkone entlanggehen mußte. Hielt ich einen Mann für talentiert, so vereinbarte ich einen Besuch bei ihm, und auf diese Weise lernte ich den spanischen Künstler Sola kennen, der später mein Freund wurde. Von ihm erwarb ich meinen ersten Modigliani, eine Skulptur.

Eines Tages zeigte mir Davidson, der ihn persönlich kannte, einige Zeichnungen von Sola. Sie weckten mein Interesse, und ich entschloß mich zu einem Besuch. Er wohnte in einem unauffälligen, weiträumigen roten Backsteingebäude neben dem Gare Montparnasse. Eine lange, gerade, enge Treppe führte wie eine Leiter zu seinem Atelier, einem großen Raum mit hohen nackten

Wänden, der sich stets in Dunkelheit hüllte. Die kahlen Wände und ewige Düsternis gemahnten mich auch an spanische Kathedralen, an deren unheimliches Dämmerlicht, Stille und Abgeschiedenheit von der äußeren Welt.

In Sola verbanden sich Glut und Melancholie, eine für sein Volk bezeichnend scheinende Mischung. Er war mit einer Französin verheiratet, einem ruhigen und sanften Geschöpf, das die meiste Zeit strickend beim Eisenofen saß und nur hin und wieder einen Schluck Kohlwasser trank, um ihre Verdauungsstörungen zu lindern, nach ihr das probate Mittel gegen alle solche Beschwerden. Ich besitze immer noch eine Zeichnung, die sie einander gegenübersitzend zeigt und die jene besondere feierliche und innige, wesentlich zum spanischen Charakter gehörende Strenge festhält. Die gelegentlichen Ausbrüche von Überschwenglichkeit, die man an ihren Fiestas und Ferias gewahrt, hielt ich stets für zeitweilige Hochspannungsblitze, die ihre gußeisernen Konventionen für einmal zu durchbrechen vermögen.

Als ich Sola besuchte, war es schon später Nachmittag, und während wir zusammensaßen und uns unterhielten, wanderte mein Blick stets von neuem zur gegenüberliegenden Seite des Ateliers, wo ein altertümlicher, massiv gebauter bretonischer Schrank stand, ein Möbel der Art, wie es mehrere Generationen von Ehrbarkeit einander weitergeben. Die verschiedensten Dinge lagen in einem unordentlichen Haufen obenauf; was aber aus dem Halbschatten hervorragte und meine Aufmerksamkeit fesselte, war ein steinerner Kopf. Nach ägyptischer Manier war das Gesicht oval gebildet, wies eine gerade Nase und eine vollippige Mundpartie auf und ruhte auf einem langen Hals. Die Augen waren langgezogen und glatt wie Kieselsteine, und volle, sanfte Wangen waren offenbar aus einer Abfolge einzelner

Hammerschläge entstanden, die ihnen eine juwelenartige Qualität verliehen hatten. Ich fragte Sola, ob er diesen Kopf geschaffen habe.

»Nein«, sagte er, »der stammt von Modigliani. Während des Krieges habe ich ihn oft zum Essen eingeladen. Wir waren damals beide schlecht bei Kasse, aber meine Eltern schickten mir Geld aus Spanien, und das reichte wenigstens für uns beide zum Essen. So schleppte er eines Tages diesen Kopf herauf und gab ihn mir, wahrscheinlich als Gegengeschenk.«

Während Tagen danach verfolgte mich diese Skulptur, wie einen die Leidenschaft zu einer bestimmten Frau verfolgen kann, eine hartnäckige Obsession, von der man sich nur schwer befreit. Sicher hatte die gleichgültige Aufstellung auf dem Schrank im Halbschatten ursprünglich meine Einbildungskraft so erregt. Was auch immer der Grund gewesen sein mag, ich wollte sie um jeden Preis besitzen.

Zunächst wollte Sola nichts davon wissen. Sie war das Geschenk eines Freundes, an das sich sentimentale Erinnerungen knüpften. Aber da seine finanziellen Verhältnisse ziemlich schlecht waren, willigte er schließlich zögernd in den Verkauf ein, und nach zähem Feilschen gehörte der Kopf mir. Als ich ihn wegtragen wollte, erwies er sich als so schwer, daß ich mich wunderte, wie es Modigliani geschafft hatte, ihn ganz allein diese Treppe hinaufzuschleppen. Denn als ich ihn in Zadkines Atelier brachte, bedurfte es unser beider Kräfte, um ihn hinunter und in ein Taxi zu tragen. Einige Tage später schaute Sola bei mir vorbei und erging sich in Klagen über den Verkauf, so daß ich ihn, so gut es ging, trösten mußte. Dann vergaß er seinen Schmerz und sah sich im Atelier nach Zadkines Werken um. Währenddessen sprach er über Modiglianis Theorien über Bildhauerei und erzählte mir, Modigliani hätte Rodins Werke gehaßt – *un mouleur en*

plâtre hätte er ihn genannt – denn nach seiner Meinung bestand das Wesen der Skulptur in ihrer einem Edelstein vergleichbaren Härte, in »kristallisiertem Gefühl«, wie er es genannt hatte.
»War es nicht Brancusi, der ihn zuerst veranlaßte, sich in der Bildhauerei zu versuchen?« fragte ich ihn.
»Stimmt«, erwiderte er, »obwohl er sich eigentlich nicht für Brancusis Werke interessierte. Er hielt ihm zwar einen Sinn für stoffliche Beschaffenheit, für Holz, Stein und Metall zugute, sprach ihm aber eine wirkliche schöpferische Kraft ab. Seine Abstraktionen, für die er vor allem bekannt war, streiften sogar oft das Absurde, wie zum Beispiel sein »Torso«, der aus zwei kurzen, als abgeschnittene Beine fungierenden Zylindern bestand, die in einem größeren Zylinder zusammenliefen. Auch den Grabstein von Brancusi auf dem Montparnasse-Friedhof, den »Kuß«, mochte er nicht, jene zwei sitzenden Figuren, die ihre Arme, nach Modiglianis Ausdruck: ›wie Seile‹ umeinander geschlungen haben.«
Nach Solas Meinung beruhte Brancusis Erfolg hauptsächlich darauf, daß er gut aussah und ein anziehendes Wesen hatte; beides sei seinem Ruf sehr zustatten gekommen.
Als er im Atelier zwischen Zadkines Figurenwald herumspazierte, in seiner eigentümlich platten und schwerfälligen spanischen Gangart – die übrigens derjenigen Picassos glich –, machte er, wie von plötzlichem Unmut befallen, kehrt und sagte zu mir:
»Sie sind Kritiker, nicht wahr? Aber letztlich ist die Meinung eines Kritikers ebenso persönlich wie die eines jeden Menschen. Der einzige Unterschied besteht darin, daß Sie Ihre Meinung in der Zeitung veröffentlichen können. Aber dadurch kommt ihr nicht mehr Gültigkeit zu als jeder beliebigen anderen.«
»Es ist ein Los wie irgendein anderes«, sagte ich ihm.

»Ich habe mich stets sehr für Kunst interessiert, aber ich hatte nie sonderlich die Absicht, Kritiker zu werden. Inzwischen sehe ich ein, daß es unbefriedigend ist, in Worte zu übersetzen, was wesentlich ein Ausdruck von Linie, Farbe und Form ist.«
Im Verlauf unseres Gesprächs blieb er vor einigen Goya-Reproduktionen stehen, die ich an die Wand neben der Tür geheftet hatte und unter denen sich auch die berühmte ›La Maja Vestida‹ und ›La Maja Nuda‹ befanden.
»Ich kann nicht in gleicher Weise wie Sie diese Bilder bewundern«, sagte er. »Für mich verkörpern sie all das, was an Mann und Frau gemein ist. In Spanien pflegen wir zu sagen: ›Alle Männer sind im Begriff, in ein Bordell zu gehen.‹ Ich kann sie nicht als Kunstwerke betrachten: diese Frau, die auf der Couch liegt und die Arme hinter dem Kopf verschränkt, um desto besser ihren Körper zur Geltung zu bringen.«
»Ich gebe zu, daß sie sinnlich ist«, sagte ich, »und zwar im spezifisch spanischen Sinn. Sie gehört weder zu den Töchtern des Lichtes, wie die Französinnen, noch ist sie, wie die Italienerinnen, eine Tochter des Mondes. Sie ist eine Tochter der Dunkelheit. Aber Sie müssen zugeben, daß sie als Akt großartig ist. Es gibt weibliche Akte, die zu hart, andere, die zu fleischig gemalt worden sind, wie die von Rubens. Beides trifft auf die Maja nicht zu, denn Goya hat die Beschaffenheit ihrer Haut hervorgehoben, und die ist fein, gleichmäßig und zart. Auch ihr Haar hat er betont. Die Ägypter haben geglaubt, daß die Liebe in den Haaren und in den Augen ihren Sitz hätte. Bei der ›Maja Nuda‹ wohnt sie in beiden.« »Gerade an ihren Augen nehme ich Anstoß«, sagte Sola. »Es sind die Augen einer Huri.«
Um ihn nicht länger zu verdrießen, fragte ich ihn: »Was halten Sie von den weiblichen Akten Modiglianis?« Er zuckte mit den Achseln.

»Sie sind sehr sinnlich. Ich kam eines Abends in sein Atelier, als er das unter dem Namen ›Großer weiblicher Akt‹ bekanntgewordene Bild vollendete, und er fragte mich, was ich davon hielte. ›Es ist die Landkarte einer nackten Frau‹, sagte ich ihm. ›So war es auch gedacht‹, entgegnete er unmutig, ›damit ich mich zurechtfinden kann.‹ Enttäuscht über meine Kritik hob er es auf und kehrte es gegen die Wand. Jedenfalls hielt ich dieses Modell, das sich zur Liebe oder vielmehr zum Beischlaf ausstreckt, nicht für ein Kunstwerk.« »Nach meiner Meinung, zu Unrecht«, sagte ich, »denn sie ist sehr schön, und nur das zählt. Bloß wenn sie häßlich gewesen wäre, finde ich, hätte sie Modigliani nicht so malen dürfen.«

2. Kapitel

Zum ersten Mal sollte ich James Joyce im Bal Bullier begegnen. Ich war an einem Samstagabend dorthin gegangen, um Annette zu treffen, eine junge Blanchisseuse, die jede Woche vorbeikam, um meine Wäsche abzuholen. Annette war ein hübsches, eigensinniges Mädchen, das später als Modell arbeitete und ein tragisches Ende fand.

Der Umstand, daß ich in einem Atelier wohnte, hatte wohl ihr Interesse an meinem einsamen Junggesellendasein geweckt. Während ich mit ihr sprach, pflegte sie sich jedenfalls damit zu amüsieren, die vor dem Ofen verstreut herumliegenden Kohlenstücke auf dem Boden herumzustoßen; eine subtile Andeutung, daß sie nicht eben viel von meiner häuslichen Einrichtung hielt. Sie erzählte mir, daß sie jeden Samstag tanzen ginge, und so verabredete ich mich mit ihr im Bal Bullier, einem beliebten Tanzlokal in der Gegend von Montparnasse, das freilich seither, wie noch so manches der Altstadt, verschwunden ist. Damals aber befand es sich am oberen Ende des Boulevard St Michel, in der Avenue de L'Observatoire, gegenüber dem Jardin du Luxembourg.

Der Bal war ein großes Gebäude, das man über eine abwärtsführende Treppe betrat, denn das Untergeschoß befand sich unterhalb des Straßenniveaus. Im Innern war eine große Tanzfläche, umgeben von einem Balkon, der auf eisernen Säulen ruhte. Unterhalb des Balkons waren reihenweise Marmortische und Metallstühle aufgestellt. Zwei Musikkapellen, ein Blechbläser- und ein Streichorchester, spielten abwechslungsweise an den gegenüberliegenden Enden der Diele zum Tanz auf, beide, wie man sich denken kann, nicht sonderlich gut. Denn hauptsächlich verkehrten hier die Ladenjungen und -mädchen aus dem Quartier. Daneben kamen einzelne Intellektuelle, die, der Cafés überdrüssig, hier eine Ablenkung suchten und von der altmodischen Atmosphäre und den niedrigen Preisen angezogen wurden. In seiner Glanzzeit war es ein vornehmes Lokal gewesen, aber einmal aus der Mode gekommen, wurde sein allmählicher Niedergang nur zuweilen im Winter unterbrochen, wenn die verschiedenen Ateliers hier ihre großen Künstlerbälle abhielten. Zu diesen Gelegenheiten wurde es völlig umgestaltet; die Studenten aus den Ateliers errichteten auf der Diele kleine Bühnen, auf denen sie während der Tanzpausen Possenspiele aufführten. Der jetzt leere Balkon war dann mit Eßtischen vollgestopft, um die sich die ganze Bohème von Paris drängte. Aber dieser Abend war einer der gewöhnlichen Anlässe, und es tanzten nur etwa dreißig Paare.

Als ich eintrat, bemerkte ich eine Gesellschaft, die um einen Tisch versammelt war, darunter eine gemeinsame Bekannte von Jo Davidson und mir. Ich ging ihr bedachtsam aus dem Weg, denn ich war hierhergekommen, um Annette zu treffen und wollte den Abend nicht in Gesellschaft von Intellektuellen zubringen (mein ständiges, unvermeidliches Schicksal). Ich war erregt beim Gedanken an einen gemeinsamen Abend mit diesem hübschen Mädchen, in das ich, als einsamer Mann, schon halb verliebt war und in das ich mich, bei gnädiger Mitwirkung der Götter, noch vor Ende der Nacht ganz verlieben würde. Die Zeit verging und Annette wollte nicht auftauchen, obwohl ich unentwegt in der weiten Halle nach ihr Ausschau hielt, bis ich endlich alle Hoffnung aufgab, daß sie ihr Rendezvous einhalten würde. Auf der Suche nach Leuten, die mir helfen mochten, meine Enttäuschung zu überwinden, kam ich gegen Ende des Abends am Tisch vorbei, an dem jene Gesellschaft saß. Eine Dame rief mich herbei und stellte mich einem schmächtigen Mann vor, der feine Gesichtszüge, einen kurzen Spitzbart und starke Brillengläser hatte – »Mr. James Joyce«, sagte sie. Diese Vorstellung war eine Überraschung für mich, denn ich wußte nicht, daß sich Joyce in Paris aufhielt. Als ich das letzte Mal von ihm gehört hatte, lebte er in der Schweiz.

In Dublin hatte ich *Dubliner* und später *Ein Porträt des Dichters als junger Mann* gelesen, aber da ich mich damals vor allem für romantische Literatur interessierte, hatten mich seine Bücher nicht stark beeindruckt. Dennoch reizte mich die Bekanntschaft eines unserer bedeutendsten Schriftsteller, und ich war von ihm als Mensch eingenommen, von seiner ruhigen feinfühligen Wesensart und seinen altmodischen höflichen Umgangsformen. Bald saß ich neben ihm. Er fragte mich, ob ich aus Dublin stammte, schien erfreut, als ich bejahte, und fragte mich dann, seit wann ich nicht mehr dort gewesen sei und wen ich dort gekannt habe. Diese Fragen gefielen mir nicht so recht, denn ich war nach Paris gegangen, um alles, was Irland hieß, zu vergessen, insbesondere das heimatliche Dublin.

Unsere Unterhaltung wurde von einer am Tisch sitzenden jungen Amerikanerin, Miss Sylvia Beach, unterbrochen, die uns alle aufforderte, die Gläser zu füllen und auf den Erfolg des neuen Buches von James Joyce, *Ulysses*, anzustoßen. Gegen Mitternacht brach die Gesellschaft auf, doch als wir draußen auf dem Boulevard standen, schlug Joyce vor, ich solle ihn auf einen letzten Drink in die »Closerie des Lilas«, die sich gleich gegenüber befand, begleiten. Dort erzählte er mir, wie schwierig es gewesen wäre, für dieses neue Buch, an dem er acht Jahre gearbeitet hatte, einen Verleger zu finden.

Nach dieser Nacht sah ich ihn eine Zeitlang nicht wieder, bis er mir über einen gemeinsamen Freund eine

Mitteilung zukommen ließ, worin er vorschlug, ich solle ihn in der Rue de Rennes besuchen. Als ich einige Abende später auf dem Weg zu einem Atelierfest in der Gegend von Montrouge zufälligerweise seine Straße passierte, schaute ich bei ihm hinein, um ihn allenfalls mitzunehmen. Ich glaubte damals, ein Künstler müsse sich bohémienhaft aufführen, insbesondere angesichts der aufregenden Möglichkeiten, die eine Stadt wie Paris bot; während der kurzen Zeit, da ich mit Joyce zusammengewesen war, hatte ich den Eindruck gewonnen, daß er ein sehr zurückgezogenes und bürgerliches Leben führte. Ich wollte ihn dazu überreden, zu dem Fest, das im Atelier eines russischen Malers namens Feder abgehalten wurde, mitzugehen. Das Atelier befand sich in einem Garten hinter einem Wohnblock, in der Gegend von Montrouge und glich eher einer Jahrmarktbude als einem Künstleratelier. Es hatte ungefähr fünf verschiedene Eingänge, die jeder neue Mieter, im Versuch, sich vor Luftzug zu schützen, immer wieder verrammelt hatte. Eine Wand war übel zugerichtet worden, und man erzählte sich die Geschichte, ein Tiermaler habe vorübergehend darin gewohnt und einmal eine Löwin hereinbringen lassen. Diese habe die Wand aus Protest gegen die Zumutung niedergerissen, »in ihrer bloßen Haut Modell stehen zu sollen«. In diesem Atelier hatte Feder eine herrliche Sammlung von Negerskulpturen aufgestellt, wovon eine, die aus gelbem Holz geschnitzte Darstellung der Sonne, längs der ganzen Wand ihre spitzen Strahlen ausschickte. Er besaß auch eine ansehnliche Sammlung exotischer und makabrer Tanzmasken sowie einige Musikinstrumente. Als russischer Jude war er den Pogromen in Odessa entkommen, um in Paris Maler zu werden. Liebenswürdig und urban, mit einem sanften zynischen Humor begabt, war er ein vorzüglicher Gastgeber.

Ich dachte mir, Joyce würde sich in solch einer Atmosphäre entspannen, ein bißchen trinken und sich mit den Mädchen unterhalten, aber als ich, mit Flaschen wohlversehen, in seiner Wohnung ankam, wurde ich von der Familie übel empfangen. Da Joyces Augen zu jener Zeit sehr schwach waren, hatte der Arzt ihm den Alkohol untersagt, und alle blickten jetzt auf mich als den sprichwörtlichen irischen Trunkenbold, der ihn zu einer keltischen Sauftour verführen wollte. Sein Sohn Georgio stellte sich mit gespreizten Beinen hin und lehnte sich über meinen Stuhl, als wollte er sagen: »Wann hauen Sie endlich ab?« Es war eine unglückliche Situation, und ich versuchte, wenigstens meinen Abgang zu retten. Joyce, der sich dem Sturm mit einem wehmütigen Lächeln beugte, schlug die Einladung ab, während ich froh war, der hochgespannten Atmosphäre zu entfliehen. Er begleitete mich durch den Korridor zur Tür, und als ich hinausging, lehnte er sich mit dem Rücken gegen die Wand und sagte in einem kläglichen, aber amüsierten Tonfall:
»Ich bin soweit ein vernünftiger Mensch, aber ich muß mir eben solche Dinge gefallen lassen – gleichwohl«, bemerkte er lächelnd, »wir werden uns bald wiedersehen.«
Damals glaubte ich, er wäre ein arg tyrannisierter Mann, aber als ich ihn und seine Familie besser kennenlernte und mir die Bedrohlichkeit seines Augenleidens klar wurde, änderte ich meine Meinung. Kurz danach traf ich ihn wieder in der Rue du Bac, worauf er mich in seine düstere, mit Metalljalousien ausgestattete Wohnung einlud. Ich verstand mich sofort ausgezeichnet mit seiner Familie, besonders mit Nora, die bald merkte, daß ich ihren Mann nicht im geringsten zum Trinken anstiften wollte, ja daß ich übermäßigem Trinken sogar abgeneigt war.
Der rastlose Joyce wechselte immer wieder seinen

Wohnsitz, zum Teil äußerer Umstände wegen, sicherlich aber auch auf Grund seiner Veranlagung; so bezog er kurze Zeit später ein wohnliches, luftiges Apartment gegenüber dem Eiffelturm, wo ich ihn häufig aufsuchte.
Ich war stets darauf bedacht, erst am späten Nachmittag vorbeizuschauen, wenn er in seinem kurzen, weißen, an einen Zahnarzt gemahnenden Kittel aus seinem Arbeitszimmer in das Wohnzimmer trat und sich mit dem habituellen langen, tiefempfundenen Seufzer in den Lehnstuhl sinken ließ. Meistens sagte dann Mrs. Joyce zu ihm:
»Um Gottes willen, Jim, zieh doch bitte diesen Überrock aus!«
Aber zur Antwort erhielt sie lediglich sein Gioconda-Lächeln, und er blickte belustigt durch die dicken Brillengläser zu mir. Zu Abend aß er gewöhnlich in »Les Trianons«, einem feinen Restaurant gegenüber dem Gare Montparnasse. Einmal begegnete ich dort Marie Laurencin, die sich beim Hinausgehen mit Joyce unterhielt. Als großer Bewunderer ihrer Werke faszinierten mich ihre feingliedrigen, überempfindlichen Mädchen. Da ich sie mir diesen ähnlich vorgestellt hatte, überraschte es mich, daß sie kräftig gebaut war und eher männlich aussah – eine Frau, die, wenn man den Klatschnachrichten glauben konnte, vorzugsweise mit *hommes de sport*, Fußballspielern und Radrennfahrern, verkehrte. »Monsieur Joyce«, eröffnete sie ihm, »ich möchte ein Porträt Ihrer Tochter machen. Sagen Sie ihr, sie solle nächsten Donnerstag um elf Uhr vorbeikommen.«
Soviel ich weiß, lag Marie Laurencin, als Lucia aufkreuzte, in einem verdunkelten Zimmer und klagte über Kopfschmerzen, die sie sich während der vornächtlichen *bombe* zugezogen hatte. Sie verschob die Sitzung auf ein späteres Datum, und so kam mir das

Porträt nie zu Gesicht. Schade, denn mit ihrem sensiblen Betragen und schielenden Blick war Lucia ein für Marie Laurencin typisches Sujet.

Wieder zu Hause in seiner Wohnung am Place Robiac überließ sich Joyce im allgemeinen einer wohlwollenden und geselligen Stimmung. Hier pflegten wir abends, bei einer griffbereiten Flasche seines bevorzugten Weißweins »St Patrice«, den er auf einer Ferienreise in Südfrankreich entdeckt hatte, über viele Dinge zu diskutieren; der wichtigste Gesprächsgegenstand war aber natürlich unser gemeinsames Interesse an Literatur. Im herkömmlichen Sinn war Joyce kein gewandter Unterhalter; er war sogar ausgesprochen schweigsam. »Schweigen, Verbannung und List« waren ja seine drei erklärten Waffen, obwohl ich nie den geringsten Beweis der dritten Eigenschaft erfuhr, denn er war außergewöhnlich aufrichtig und arglos. Freilich scheinen schweigsame Männer eher listig als redselige. In unseren Diskussionen sprach ich viel mehr als er und, so seltsam das klingen mag, es war wohl meine Streitlust, die unsere Freundschaft festigte.

Joyce hatte mir das Manuskript des *Ulysses* geliehen, das ich in einem dicken Paket, in braunes Papier gewickelt, durch das Taxigewimmel der Straßen in mein Atelier trug, immer befürchtend, ich könnte überfahren werden und das Manuskript würde dann verloren gehen. Als ich mich an die Lektüre machte, war ich von seiner Neuartigkeit verwirrt, und ich verlor mich im Gespinst dieser schwierigen Prosa, ohne recht zu wissen, ob sich ein Ding tatsächlich ereignet hatte oder nur keltisches Garn war. Ja, ich verärgerte Joyce später einmal mit der Frage, was sich denn eigentlich während der Begegnung Blooms mit Gerty MacDowell am Strand genau abgespielt habe.

»Nichts hat sich zwischen ihnen ereignet«, erwiderte er. »Alles spielt sich in der Einbildung Blooms ab.«

Es wird erzählt, H. G. Wells habe die lose gebundene Erstausgabe, deren herausfallende Seiten im ganzen Zimmer herumflogen, mit dem Gefühl weggelegt, eine Revolution unterdrückt zu haben; ich aber wußte, daß eine in Gang gebracht worden war. Joyce nahm seine Geburtsstadt, die er offensichtlich einmal gehaßt, jetzt aber wiederentdeckt hatte und liebte, zum Gegenstand und schuf einen neuen Realismus, der in eine halb wirkliche, halb traumhafte Atmosphäre getaucht war.

Zur Illustration der bekannten Entsprechung zu Homers *Odyssee*, einer Entsprechung, die mir damals fragwürdig schien, wählte Joyce als Beispiel die *Sirenen*-Episode, die in der Ormond Bar an den Quays spielt. Er verglich die Barmädchen mit den Sirenen bei Homer und wies darauf hin, daß jene mit ihren gepflegten Frisuren, Make-up und eleganten Blusen nur gerade bis zur Taille hübsch aussahen, dagegen unterhalb der Taille alte schmutzige Röcke, ausgetragene Schuhe und geflickte Strümpfe trugen. Und als ich mich einmal bewundernd über die Stelle äußerte: »Thalatta! Thalatta! Sie ist unsere große liebe Mutter«, blickte er mich von der Seite an und sagte: »Lesen Sie mal, was oben geschrieben steht: ›Die rotzgrüne See. Die skrotumzusammenziehende See.‹«

Schildert Homer in der *Odyssee* tänzelnde Pferde, stattliche Männer und schöne Frauen, Götter und Göttinnen, so spielt Joyces *Ulysses* bekanntlich in heruntergekommenen Straßen unter schlampigen Weibern und in überfüllten Kneipen und gipfelt in der »Nighttown-Episode«. Aus meiner Jugend erinnere ich mich schwach an dieses Bordellviertel, eine ziemlich madige Gegend, mit einer Anzahl strohgedeckter Häuser, in denen kein Trick unversucht blieb, und einigen ältlichen Damen, die in schwarzer Unterwäsche herumliefen. Stand man auf, um mit jemandem zu sprechen, und kehrte dann an seinen Platz zurück, so mußte man feststellen, daß sich in der Zwischenzeit der Whisky auf wunderbare, nur den Bordellinsassen erklärliche Weise in Wasser verwandelt hatte – während im Hinterzimmer eine ländliche Venus auf dem Brautbett mit darüberhängendem religiösen Lämpchen lag. Trotz dieser schmutzigen Erinnerungen bedeutete es mir nicht wenig, daß ein Ire von Zürich nach Paris gekommen war mit einem riesigen Meisterwerk, das in einer modernen Sprache abgefaßt war und von meiner Heimatstadt handelte. Ja, es war wohl eher Stolz über diese Leistung als eine Reaktion gegen das bürgerliche Leben von Joyce, was mich letztlich dazu trieb, ihn zu Atelierfesten mitnehmen zu wollen, damit ich ihn meinen Freunden vorzeigen konnte.

Eines Abends stritten wir uns über die literarischen Qualitäten von Synge. Joyce hatte ihn kennengelernt, als er in der Rue d'Assas wohnte, fand ihn aber schwierig im Umgang.

»Er war sehr reizbar«, erzählte mir Joyce. »Ich suchte ihn einmal auf und schlug vor, den 14. Juli gemeinsam im Parc de St Cloud zu verbringen. Aber Synge wandte sich heftig gegen die Zumutung, den Feiertag »wie ein beliebiger Bürger, der im Grünen picknickt« zu verbringen, und lehnte ab. Es kam sogar zu so erregten Wortgefechten zwischen uns, daß ich schließlich auf einen weiteren Umgang mit ihm verzichten mußte.«

»Was halten Sie denn von seinem Werk?« fragte ich.

»Ich schätze es nicht«, erwiderte er. »Ich finde, er schrieb eine Art fabrizierter Sprache, ebenso unwirklich wie seine Figuren. Meiner Erfahrung nach sind die irischen Bauern ganz anders geartet, als er sie dargestellt hat. Sie sind zäh, verschlagen und nüchtern, und mir ist noch keiner begegnet, der die Sprache gesprochen hätte, die Synge ihnen in den Mund legt.«

»Aber von irgendwoher muß er sie ja haben«, sagte ich. »Im Westen von Irland habe ich jedenfalls erstaunliche Sätze gehört. Einmal habe ich an der Costelloe Bay einen Bauern gefragt, ob es dort viele Robben gäbe. ›Robben‹, rief er aus, ›Robben gibt's dort, so dicht aneinander wie die Finger meiner Hand, und sonnen sich draußen auf den Felsen‹ – ein Satz, der mir reiner Synge zu sein schien. Und erinnern Sie sich an die Reden von Mary Byrne in *The Tinker's Wedding**, wenn sie von den großen Königinnen spricht, ›wie sie ihre Könige finden, vom ersten bis zum letzten Wort, und alle haben sie glänzende Seide an, den ganzen lieben langen Tag lang, und schneeweiße Nachthemden in der Nacht‹?«
»Wer hat jemals so reden hören?« protestierte Joyce.
»Die Frage ist«, sagte ich, »muß Literatur Fakt oder eine Kunst sein?«
»Sie muß Leben sein«, erwiderte Joyce. »Etwas, womit ich mich in meiner Jugend nie abfinden konnte, war der Unterschied, den ich zwischen Leben und Literatur entdeckte. Ein Freund von mir ging einmal in den Westen, und als er zurückkam, war er bitter enttäuscht. ›Während der ganzen Zeit, die ich dort verbrachte, habe ich keinen einzigen Satz von Synge gehört‹, sagte er mir. Diese Gestalten gibt es nur auf der Bühne des Abbey. Aber halten Sie Ibsen daneben, da haben Sie einen vorzüglichen Dramatiker. Er schrieb ernste Stücke über Probleme, die unsere Generation betreffen.«
»Ibsen!« rief ich erstaunt. »Ich würde niemals Ibsen

* *Kesselflickers Hochzeit,* übersetzt von Erich Fried, in *Der Held der westlichen Welt und andere Stücke,* Bibliothek Suhrkamp 195, 1967. (S. 38)
„making themselves matches from the start to the end, and they with shiny silks on them the length of the day, and white shifts for the night."

mit Synge vergleichen. Für mich haben diese vorstädtischen Dramen, diese langweiligen Leute, die in kleinlichen Verhältnissen leben, etwas Grundhäßliches an sich. Synge dagegen hat meiner Meinung nach herrliche Gestalten geschaffen, die in enger Fühlung mit der Natur leben, ›mit dem Frühling, der in die Bäume greift‹, ›einem herben Mond am Himmel‹ und ›einer Schenke am Weg zum Jahrmarkt‹. Diese prachtvollen, verwegenen Kerle haben nichts gemein mit Ibsens Kreaturen, die ihr Leben in Wartezimmern und Vorstandssitzungen vertrödeln, jenen frustrierten Langweilern, wie man sie im höheren Berufs- und Beamtenstand einer jeden Stadt findet.«

»Wie steht's denn mit Doktor Stockmann im *Volksfeind?* Sie werden zugeben müssen, daß er eine vortreffliche Gestalt ist«, bemerkte Joyce.

»Er ist wohl, auf seine Art, tapfer«, gab ich zu, »vielleicht sogar ein vortrefflicher Mann. Doch welch erbärmlicher Mangel an Poesie im ganzen Stück. Und dieses Getue wegen der infizierten Zuflußröhren, lekken Wasserleitungen, der ›Hygienischen Bäder‹ und ›all der vielen Invaliden‹.« »Sie haben das Stück nicht verstanden«, wandte Joyce ein. »Das infizierte Wasserwerk und die lecken Leitungen, die Sie erwähnten, sind symbolisch für all das, wogegen Doktor Stockmann aufbegehrt, nämlich daß ›alle unsere geistigen Qualitäten vergiftet sind‹. Sie werden mir zustimmen, daß Doktor Stockmann eine viel eindrucksvollere Gestalt ist als irgendeine von Synge geschaffene, daß ein Mann, der gegen die korrupte Politik seiner Stadt kämpft, ein eindrucksvolleres Thema ist als keifende Kesselflicker und halbverrückte ›Play-boys‹.«

»Das frage ich mich, das frage ich mich in der Tat«, erwiderte ich. Soviel ich weiß, hatte Synge eine Abneigung gegen Ibsens Stücke. Er handelt, Synge zufolge, ›schäbige Probleme‹ in einer freud- und farblosen

Sprache ab, während, nach Synges Worten, ›in einem guten Stück jede Rede nach Nüssen oder Äpfeln schmeckt‹.«

Joyce schüttelte den Kopf.

»Sie haben ihn nicht verstanden«, sagte er, »weder seine Absicht noch seine psychologische Tiefe, die freilich nichts mit Synges romantischen Fantasiegebilden zu tun haben, seine grandiose Erforschung des modernen Lebens, wobei er neue psychologische Tiefen erschloß, die eine ganze Generation von Schriftstellern beeinflußt haben. Wen aber hat Synge beeinflußt? Doch höchstens eine Handvoll Dramatiker, die auch für das Abbey arbeiten möchten und über hinterwäldlerische Witzbolde schreiben, mit denen sie einen Lacher zu ernten hoffen.«

»Warum sollte man nicht humorvoll schreiben dürfen?« sagte ich. »Tatsächlich widerstrebt mir Ibsens tödlicher Ernst und seine Unfähigkeit, das Leben anders denn als Schlachtfeld für seine trostlosen Ideen zu begreifen.«

»Wie ich schon sagte«, wiederholte Joyce, »Sie verstehen ihn nicht. Sie wissen nichts vom Geist, der ihn antrieb. *Ein Puppenheim* zum Beispiel beschäftigt sich mit der Emanzipation der Frau, die die größte Revolution unserer Zeit in der wichtigsten zwischenmenschlichen Beziehung, die es überhaupt gibt, bewirkt hat – der zwischen Mann und Frau. Es geht darin um die Revolte der Frauen gegen die Idee, sie seien lediglich Instrumente der Männer.«

»Um so schlimmer«, erwiderte ich, »denn die Beziehung zwischen den Geschlechtern ist seither zerstört. Intellektualismus hat ein biologisches Faktum verdrängen können, mit dem Ergebnis, daß beide Geschlechter unglücklich sind.«

»Die Beziehung zwischen den Geschlechtern spielt nun auf einer anderen Ebene, aber ich weiß nicht, ob sie glücklicher oder unglücklicher sind als vorher; das hängt wohl jeweils von den Individuen ab. Ich weiß aber, daß Ibsen den stärksten Einfluß auf die jetzige Generation ausgeübt hat; man kann sogar sagen, er hat sie in einem hohen Grad geformt. Seine Ideen sind zu einem Teil unseres Lebens geworden, obwohl wir uns dessen nicht bewußt sein mögen.«

»Sie haben wahrscheinlich recht«, sagte ich, »gewiß haben Sie recht. Gleichwohl kann ich seine ausgetrocknete Persönlichkeit und seine Stücke nicht ausstehen und Ihnen daher auch nicht zustimmen. Für mich ist die Sprache das Wichtigste, und deshalb bewundere ich Synge: wegen seiner herrlichen Sprache.«

»Und eben seine Sprache beanstande ich«, erwiderte Joyce, »diese langen, überladenen Sätze, die den Schauspielern so schrecklich zu schaffen machen, daß sie offenbar nie so recht wissen, ob sie je ans Ende gelangen werden – lange blumige Reden, die die Handlung aufhalten. Synge mißbraucht die Bühne. Halten Sie einen Dramatiker wie Sheridan daneben. Betrachten Sie seine flinken, kurzen Sätze, die stets spritzig und schlagfertig wirken. Bei ihm wird nicht gefaselt.«

»Der Fehler liegt bei den Schauspielern«, sagte ich, »wenn sie mit diesen Sätzen nicht zu Rande kommen. Für meine Ohren klingen Synges Sätze ganz natürlich, wenn es der Schauspieler versteht, den Ton und Charakter der Leute zu treffen, die sie darstellen sollen. Sie strahlen Würde, Leidenschaft, Farbe und Persönlichkeit aus. Ich mag diese schlagfertige Wechselrede auf der Bühne nicht. Sie kann sehr ermüdend wirken.«

»Drama ist die Kunst der bedeutsamen Handlung, und wenn man kein Shakespeare ist, sollte man nicht versuchen, sie in Sprache zu ersticken, wie das bei Synge der Fall ist. Ibsens Dialoge dagegen sind stets schlank und gezielt. Es muß wohl Synges romantische Seite sein, die Ihnen zusagt.«

»Sie mögen recht haben«, antwortete ich, »denn die Frage ist, ob je Kunst von einigem Wert geschaffen wurde, die nicht romantisch wäre.«
»Es kommt darauf an, was Sie unter Kunst verstehen. Nach meiner Meinung gibt es ebenso viele Formen der Kunst, wie es Formen des Lebens gibt.«
»Kunst, in welcher Form auch immer, ist Rausch«, sagte ich. »Sollte der Künstler nicht immerfort trunken sein, wie Rimbaud es nennt, lebenstrunken?«
»Das betrifft den emotionalen Aspekt«, sagte Joyce. »Daneben gibt es aber die intellektuelle Betrachtungsweise, die das Leben zergliedert, und sie interessiert mich nun am meisten: das Residuum an Wahrheit aus dem Leben herauszuschälen, statt es mit romantischen Flausen aufzublähen, was eine grundsätzlich falsche Haltung ist. Im *Ulysses* habe ich versucht, Literatur aus meiner eigenen Erfahrung zu schmieden, und nicht aus einer Vorstellung oder einer vergänglichen Empfindung.«
»Ich finde, Sie schrieben besser, als Sie romantisch waren«, sagte ich, »wie zum Beispiel im *Porträt des Künstlers.«*
»Das war das Buch meiner Jugend«, sagte Joyce, »aber *Ulysses* ist das Buch meiner Reife, und ich ziehe meine Reifezeit meiner Jugend vor. Der *Ulysses* überzeugt mehr und ist besser gelöst; denn die Jugend ist eine qualvolle Zeit, in der man nichts klar sieht. Aber im *Ulysses* habe ich mich bemüht, das Leben klar, und als Ganzes, zu sehen; schließlich war Odysseus immer mein Lieblingsheld. Ja, sogar schon in meiner qualvollen Jugend, aber es hat mich ein halbes Leben gekostet, das notwendige Gleichgewicht zu erlangen, um es auszudrücken, denn meine Jugend war außerordentlich heftig, schmerzerfüllt und heftig.«
»Unser ganzes Leben ist nun mal schmerzvoll und heftig, soweit ich das beurteilen kann«, sagte ich. »Kürz-

lich sah ich im Schaufenster eines Antiquitätenladens eine italienische Wanduhr, auf deren Zifferblatt geschrieben stand: *Ein jeder schmerzt und der letzte tötet.*«

»Ein jeder schmerzt und der letzte tötet. Ausgezeichnet«, bemerkte Joyce, »diesen Spruch muß ich mir merken.«

3. Kapitel

Joyce liebte es nicht, außer den Restaurants, in die er regelmäßig ging, andere zu besuchen, und nichts hätte ihn je dazu verleitet, eines der bekannten Künstler-Cafés von Montparnasse zu betreten. Wenn er nicht ins »Trianons« ging, dinierte er manchmal *en famille* im Café Francis am gleichnamigen Platz, der dem Eiffelturm und der Seine gegenüberlag, und auch nach einem Theaterbesuch pflegte er dort einzukehren, bevor er nach Hause ging. Einmal versuchte ich seine Gewohnheiten zu durchbrechen und nahm ihn zu einem Restaurant in der Nähe der Madeleine mit, das sich auf elsässische Speisen und Weine spezialisiert hatte. Obwohl es ausgezeichnet war, gab sich Joyce verstimmt. Ein anderes Mal gingen wir in ein berühmtes Restaurant am Montmartre, wo, als wir auf einen Tisch warteten, ein Franzose Joyce erkannte und mit lauter Stimme die Ankunft eines Genies verkündete. Aber da es nicht sein bevorzugtes »Trianons« war, fühlte Joyce sich unbehaglich. Bei der Tür bemerkte ich eine Dame, an der kein Mann vorbeiging, ohne daß er sie besonders freundlich angesprochen hätte. Man fragte sich, wer diese Dame sein mochte, etwa eine berühmte Schauspielerin oder eine Sängerin. Schließlich stellte sich heraus, daß sie die Geschäftsführerin eines wohlbekannten *maison close* um die Ecke war und daher in der Nachbarschaft beträchtliches Ansehen genoß, da sie über die Fähigkeiten der neuesten Schönheit auf dem Markt Auskunft geben konnte. Wie Joyce bemerkte: »Einer regierenden Herzogin wäre nicht mehr Aufmerksamkeit und Rücksicht entgegengebracht worden.«

Er haßte alles, was irgend mit Bohemiens zusammenhing, und hatte für ihre Lebensweise stets nur Verachtung übrig. Als ich ihn einmal fragte, wo er gerne seine Ferien verbrächte, antwortete er abrupt: »An einem Ort, wo ehrliche Leute auf ehrliche Weise ihr Brot verdienen.« Er schien leidenschaftlich einem geordneten Leben anzuhängen, um sich, wie ich meine, von seinem früheren Leben in Dublin abzusetzen, von der Armut und Bohème seiner Jugend, über die Leute, die ihn damals gekannt hatten, mancherlei Geschichten erzählten. Als er einmal seine Freunde auf der Straße traf, soll er sich mit ihnen auf den folgenden Samstag um die Mittagszeit am unteren Ende der Grafton Street verabredet und ihnen im Tonfall äußerster Dringlichkeit eingeschärft haben, jeder müsse eine Pfundnote mitbringen. An jenem Samstag kreuzten dann auch einige auf.

»Hat jeder eine Pfundnote mitgebracht?« fragte er, und als alle das versprochene Geld vorzeigten, »dann wollen wir jetzt gemeinsam im Jammet's dinieren.« (Jammet's war damals das bekannteste und teuerste Restaurant von Dublin, und ganz in der Nähe ihres Treffpunkts gelegen.) Solche und ähnliche Geschichten erzählt man sich aus der früheren Bohème von Joyce, aber in Paris führte er das denkbar gewöhnlichste Leben und verkroch sich fast während des ganzen Tages in seiner Wohnung.

Einmal wollte ich ihn mit Jo Davidson zusammenbringen, aber die Begegnung war nicht leicht zu arrangieren, da Joyce zuerst unzählige Erkundigungen über ihn einzog, bevor er in ein Treffen einwilligte. Als Treffpunkt schlug ich die Deux Magots an der Ecke des Boulevard St Germain vor, ein Café, das von einigen amerikanischen Schriftstellern, unter anderen Hemingway, sowie Angehörigen der ortsansässigen Bourgeoisie besucht wurde. Aber Joyce weigerte sich, dorthin zu gehen, und verlegte die Verabredung in ein kleines Café oder Bistro an der Mündung der Rue du Bac in

den Boulevard St Germain. Dort saß er dann und wartete auf uns, einsam und allein auf der leeren Terrasse, ungefähr drei Gehminuten von den beliebten Cafés entfernt, wo alle seine Freunde zusammenkamen.
Trotz seiner Berühmtheit war sein Leben, was Geselligkeit betraf, hermetisch abgedichtet. Während eines der seltenen Male, da wir in einem bekannten Café des linken Ufers waren, schickten einige amerikanische Schriftsteller, die an einem anderen Tisch saßen und von denen er meines Wissens einen persönlich kannte, eine Botschaft herüber, worin sie ihn baten, sich zu ihnen zu setzen. Er ließ ihnen die Antwort überbringen, daß er mit seiner Frau und Freunden zusammen sei und daher ihrer Bitte nicht entsprechen könne. Wohin er auch ging, überall übte er die gleiche Zurückhaltung. Wenn ihn zum Beispiel in einem Restaurant, Theater oder an sonst einem öffentlichen Ort ein Bekannter begrüßen kam, pflegte er sich bald wieder von ihm zu lösen und in seine Isolation zurückzukehren.
Wer mit ihm sprach, konnte sich zuweilen des Gefühls nicht erwehren, er benutze die Unterhaltung als eine Art Kontrapunkt zu seinen eigenen Gedanken, die in einer ganz anderen Richtung liefen, da er im Geist an »Work in Progress« schrieb. Eines Abends, als er mir während einer seiner häuslichen Einladungen einen Drink servierte, rief ich in einem Anflug von Ärger aus:
»Sie sind ein kalter Mensch!«
Ich werde nie sein Erstaunen vergessen.
»Ich, ein kalter Mensch?« wiederholte er.
Auf diesen regelmäßigen Einladungen in seiner Wohnung zeigte er sich tatsächlich bis zu einem gewissen Grad als ein anderer; in freigebiger irischer Gastfreundschaft ging er da wohlwollend und entspannt unter seinen Gästen umher. Es waren damals übrigens

fast immer dieselben Leute, nämlich Miss Beach, die lebhafte Neuengländerin, die sich ausschließlich für Joyce und seine Werke interessierte und die den Eindruck erweckte, sie würde sich gern für ihn kreuzigen lassen, unter der einzigen Bedingung, daß es in der Öffentlichkeit geschah; Mademoiselle Monnier, ihre Freundin; und das amerikanische Ehepaar Nutting. Zum ersten Male begegnet war ich Mademoiselle Monnier in einem jener vornehmen Restaurants an den Champs-Élysées, die unter den Bäumen in der Nähe des Boissy d'Anglais gelegen sind. Eine stattliche, eindrucksvolle Erscheinung, trug sie an diesem Abend ein schwarzes nonnenähnliches Gewand, das mich völlig verblüffte, bis ich hörte, es wäre die offizielle kommunistische Aufmachung. Ich muß gestehen, daß es mich in dieser Umgebung eher seltsam anmutete. Auf Joyces Gesellschaften trug sie indessen ein einfaches schwarzes Kleid und schien zu jenen teilnahmslosen Franzosen zu gehören, die nicht selten sind, aber stets deplaciert wirken. Sie führte die berühmte Buchhandlung »Le Navire d'argent« an der Rue de l'Odéon gegenüber dem Laden von Miss Beach. Obwohl wir oft bei Joyce zusammentrafen, glaube ich nicht, daß zwischen uns der geringste Funke von Verständigung aufkam.

Gegen Mitternacht setzte sich Joyce ans Klavier und ließ seine Finger über die Tasten plätschern. Mit seiner hellen und angenehmen Tenorstimme sang er vornehmlich irische Balladen, in denen sich Liebe, Klage und Satire verbanden und die eine heimliche Quelle seiner Inspiration bildeten.

Seltsamerweise blieb man sich sogar in dieser häuslichen Umgebung seines Ruhmes bewußt, denn man las ständig Kritiken seiner Werke in den vielen literarischen Zeitschriften und traf in den Cafés Schriftsteller und andere Intellektuelle, mit denen man seine Bücher diskutierte. Selbst Sola, der Spanier, der kein Wort

Englisch sprach, hatte gehört, daß der *Ulysses* ein Meisterwerk sei, und überhäufte mich mit Fragen – ob darin tatsächlich eine gewisse Mrs. Bloom vorkomme, die sich ihre Brust in den Tee melken lasse?

Joyce gab den Journalisten grundsätzlich keine Interviews, und als ich mich nach dem Grund dafür erkundigte, murmelte er ungefähr, sie hätten es stets darauf angelegt, Äußerungen, die man machte, zu verdrehen. Ich glaube aber, der wirkliche Grund war, daß er geheimnisvoll und unnahbar zu bleiben wünschte. Während die meisten anderen Künstler auf Öffentlichkeit erpicht sind, ging ihr Joyce möglichst aus dem Weg. Aber trotz dieser starren Schranke, die er zwischen sich und der Außenwelt aufrichtete, tat er manchmal verblüffende Dinge. Als ich ihn einmal besuchen kam, traf ich auf dem Treppenabsatz vor der Tür ein wunderliches, sehr bohémienhaft wirkendes Paar, das sich eben verabschiedete: ein verstrubbelter junger Mann und ein Mädchen genau von der Art, die er angeblich nicht leiden mochte. Ich fragte ihn, wer sie wären, da man so selten Fremde bei ihm antraf. Aber er schien ihre Namen nicht recht zu wissen.

»Was wollten sie denn?« fragte ich ihn, angestachelt von meiner Neugier.

»Sie wollten den *Ulysses* übersetzen.«

»Und haben Sie ihnen die Erlaubnis gegeben?«

»Ja.«

»Aber Sie kennen sie ja überhaupt nicht. Sie wissen nicht, wer oder was sie sind«, protestierte ich. »Warum haben Sie ihnen die Erlaubnis gegeben?«

»Eine ganze Menge Leute kommt zu mir und bittet mich um Erlaubnis, den *Ulysses* übersetzen zu dürfen«, bemerkte er, »und ich gebe sie ihnen immer.«

»Immer?« wiederholte ich bestürzt.

»Ja«, erwiderte er lächelnd, »weil ich weiß, daß keiner von ihnen es je tun wird.«

Diese Bemerkung vor allem offenbarte mir seine Verachtung für Leute, die er nicht für ernsthafte Künstler hielt und fähig, die unentwegte Anstrengung künstlerischer Arbeit auf sich zu nehmen, Leute, die – nach Hemingways Worten – »den ganzen Tag schliefen und sich die ganze Nacht hindurch amüsierten«.

Ein anderer Grund, weshalb er gesellschaftliche Berührungen so sorgsam mied, war die Befürchtung, sie könnten seine Fähigkeit beeinträchtigen, in seinem Zimmer zu arbeiten, das mit Büchern und alten Zeitungen vollgestopft war und das niemand betreten durfte. Ja, während der ganzen Zeit unserer Bekanntschaft war es mir nur einmal vergönnt, Joyce beim Schreiben zu sehen. Als ich an einem späten Nachmittag unerwartet zur Teezeit hereinspazierte, überraschte ich ihn, wie er im Eßzimmer hinter einer Glaswand über der Arbeit saß; auf dem Tisch lagen Manuskripte, von denen jedes in verschiedenfarbiger Tinte geschrieben war – das Manuskript von *Work in Progress*.

Eines Abends saß ich mit ihm im Café Francis, in der Nähe der hin und her schwingenden Glastüren, als eine Gruppe eleganter, pelz- und juwelenbehängter Damen hereinkam und im Vorübergehen eine Parfümwolke über unsere Köpfe ziehen ließ. Joyce nahm ihre Gegenwart kaum zur Kenntnis, und ich begann mich zu fragen, nicht so sehr was für eine Art Mann er jetzt, sondern vielmehr was für eine Art Mann er früher gewesen sei. Bei der Betrachtung von Joyces Charakter denke ich stets an zwei verschiedene Menschen: den jungen Joyce des *Porträt des Künstlers* und den späteren Joyce des *Ulysses*. Während dieser Grübeleien kommt mir jener Joyce in den Sinn, wie er aus dem kurzen, aber bedeutsamen Aufsatz über James Clarence Mangan hervortritt, der 1902 veröffentlicht wurde.

Ich wußte seit je, daß er Mangans seltsame und tragische Gestalt bewunderte, nicht so sehr das literarische Werk, worin vieles uneben und schlecht geraten ist und das außerhalb seines Heimatlandes kaum beachtet wird, als die Persönlichkeit, seine fast morbide Zielstrebigkeit. Tatsächlich fiel mir während der Lektüre dieses Aufsatzes zum ersten Mal die Dualität von Joyces Charakter auf. Obwohl der Aufsatz einen romantischen Habitus zeigt und in einer Prosa abgefaßt ist, die den Einfluß von Pater verrät, finden sich darin Joyces erste Angriffe auf eben jene romantische Stimmung, die er dabei selber zum Ausdruck bringt. So mag er schon damals an jenen neuen Realismus gedacht haben, der eine Folge seiner entbehrungsreichen Lebenserfahrungen in Triest war. Als ehrgeizigen jungen Mann muß ihn die Zeit hart angekommen sein, die er mit Englischunterricht verschwendete. Ich erinnere mich, wie er mir einmal nicht ohne Bitterkeit einen Vorfall erzählte, der sich während einer solchen Englischstunde ereignet hatte. Nachdem er die Lektion beendet hatte, packte Joyce seine Sachen zusammen und wollte eben gehen, als ihm seine Schülerin, ein junges italienisches Mädchen, auf die Schulter klopfte und auf die Uhr über seinem Kopf wies – er hatte fünf Minuten zu früh aufgehört. Solch alltägliche Vorfälle demütigten seinen stolzen Geist, und wenn er ihnen nachgrübelte, wurde er zynisch.

Obwohl er den größeren Teil seines Lebens auf dem Kontinent verbrachte, konnte er ihm kein Interesse abgewinnen; seine Einbildungskraft war immer auf Dublin ausgerichtet. Dennoch litt er unter der fixen Idee, daß er im Fall seiner Rückkehr von jemandem umgebracht würde. Nach all den Jahren seiner Abwesenheit hätte man wahrscheinlich gar keine Notiz von ihm genommen. Aber der Verfolgungswahn schien ihn ständig zu beschäftigen, und als ich ihm vorschlug, er solle Dublin probehalber einen heimlichen Besuch abstatten, starrte er mich sardonisch grinsend an, als ob ich ihn aufgefordert hätte, Selbstmord zu begehen. Jemand hatte ihm erzählt, ein Mann habe einmal eine Buchhandlung an der Nassau Street betreten und nach einer Ausgabe des *Ulysses* verlangt. Auf den abschlägigen Bescheid hin soll er dann gesagt haben: »Der Verfasser dieses Buches sollte sich jedenfalls hüten, je wieder dieses Land zu betreten.« Die momentane Äußerung irgendeines religiösen oder nationalistischen Sonderlings, bemerkte ich dazu. Aber Joyce erwiderte: »Eben solche Sonderlinge führen diese Dinge auch aus.« Und Mrs. Joyce unterstützte ihn bei diesem Entschluß, was ihn in seiner Haltung bestärkte.

4. Kapitel

Eines Abends sprachen wir über russische Literatur, und ich erging mich in Lobreden auf die Russen: Tolstoi, Turgenjew und Gorki, bis Joyce mich, etwas verärgert, wie mir schien, unterbrach:
»Gibt es denn keinen englischen Romanschriftsteller, den Sie bewundern?«
Im Augenblick fiel mir keiner ein, denn mein Geist war zu sehr mit den Russen und meinen Gründen zu ihren Gunsten beschäftigt.
»Wie wär's mit George Meredith?« fragte Joyce.
Der Fluß meiner Gedanken wurde eine Weile aufgehalten; dann sagte ich zu ihm:
»Nein! Meredith gehört zu den Autoren, die für mich ungenießbar sind. Ich erinnere mich, wie ich einmal in den Schützengräben auf eine Ausgabe des *Egoist* stieß, und da ich gerade nach Lesestoff gierte, war ich zunächst über meinen Fund entzückt; aber nachdem ich fortwährend daran erinnert wurde, daß er ›ein Bein hatte‹, wurde ich mit der Zeit so wütend, daß ich das Buch mit einem Stein beschwerte, eine Schnur drum wickelte und es zu den Deutschen hinüberschmiß. Aber jetzt fällt mir doch ein vorzüglicher englischer Romanschriftsteller ein.« »Und wer ist das?« fragte er mich.
»Thomas Hardy«, sagte ich. »*Tess of the D'Urbervilles* und *Jude the Obscure*.«
»Aber hat nicht Hardy einen Hang zur Pose?« bemerkte Joyce. »Denken Sie nur an sein Schmalz um ein Milchmädchen, den schändlichen Landjunker mit dem gezwirbelten Schnurrbart und dem zweirädrigen Wagen, Tess' Vergewaltigung und das sich daraus ergebende uneheliche Kind, dann den biblischen Angel Clare, ihre spitzfindigen Mißverständnisse, endlich das

Schlußdrama des Mordes; und Angel und Tess' Schwestern, die vor dem Gefängnis warten und die schwarze Fahne aufgehen sehen. Mich erinnert die Geschichte allzusehr an *Der Mord in der roten Scheune* oder *Die Frau muß büßen*. Sie müssen zugeben, daß sich auch der Stil manchmal so ungeschickt ausnimmt wie die Handlung. Mir fällt dabei stets jener Satz ein, der Tess' Gefühle gegenüber D'Urberville beschreibt: »und wieder hatte sie jenes Gefühl, das sie schon oft bedrängt hatte, die Empfindung, etwas Schlechtes zu tun, wenn sie den irdischen Tabernakel bewohnte, der ihr von der Natur verliehen worden war.«* Und irgendwo sagt sie zu Angel: »der Gedanke ist deiner so unwürdig, daß es jeder Beschreibung spottet.«** Jeder Beschreibung spottet! Ich bitte Sie! Dann dieses einfältige Getue wegen ihrer angeblichen ritterlichen Vorfahren, die in juwelengeschmückten Rüstungen in ihren Grüften schlafen sollen. Was für eine Rumpelkammer von viktorianischem Snobismus. Und diese ganze Geschichte soll echt wirken?«

»Ich jedenfalls finde sie echt«, sagte ich, »obwohl ich ihre Ungeschicklichkeit nicht abstreiten will. Aber sie wirkt nur an der Oberfläche ungeschickt; ihr Grundgerüst trägt durchaus, und Tess selber ist nach meiner Meinung so edel wie nur irgendeine weibliche Figur bei Shakespeare – in gewisser Weise ist sie sogar edler und menschlicher.«

»Daß sie so edel wirkt, wie Sie es nennen, verdankt sie hauptsächlich einem Kunstgriff. Alle übrigen Figuren werden nämlich ihr gegenüber abgewertet: der schänderische Gutsherr, der schwache Angel, der betrunkene

* „and there was renewed in her the wretched sentiment which had often come to her before, that in inhabiting the fleshly tabernacle with which nature had endowed her she was doing wrong."

** „the idea is unworthy of you beyond description."

alte Vater usw. Es ist der gleiche Kniff, wie ihn der Theaterregisseur benutzt, wenn er die Hauptdarstellerin mit einem unansehnlichen Chor umgibt.«

»Vielleicht«, sagte ich, »aber es gelingt, und nur darauf kommt es an. Daneben bleibt immer der tragende Reichtum seiner Sprache und die Originalität seiner Einzelschilderung, die durch seine Bemühung beeindruckt, das, was sich tatsächlich ereignet hat, auch zu berichten und nicht mit einer handlichen Phrase wegzuwischen: eine Beharrlichkeit, zu sagen, oder zu versuchen zu sagen, was er zu sagen beabsichtigte, statt uns mit einem glücklichen Satz abzuspeisen, wie das so viele Schriftsteller tun.«

»Aber der Mord!« protestierte Joyce. »Er widerspricht völlig Tess' Charakter, denn ihre Veranlagung zeigt nichts, was eine Mörderin in ihr vermuten ließe. Er hat sich da einen groben psychologischen Schnitzer geleistet.«

»Sie ist ein emotionaler Typ, arm und schön; diese Verbindung wirkt stark«, entgegnete ich.

Joyce schüttelte den Kopf.

»Wenn Sie seine Romanhandlungen analysieren, werden Sie feststellen, daß sie alle Tricks und Ausflüchte des Melodramas enthalten, die alten, knarrenden Utensilien von hintertriebenen Botschaften, Mißverständnissen und belauschten Gesprächen, wobei die Unschuldigen die Unschuld selber und die Bösen teuflisch sind.«

»Vielleicht«, sagte ich, »aber diese anscheinend so altmodischen Tricks sind immer noch wirkungsvoll.« »Wie steht es aber mit *The Dynasts?*« fragte er mich. Er erhob sich, ging zum nachgebildeten bretonischen *bois chêne*-Büchergestell und entnahm ihm einen dicken grünen Band.

»Hier ist es«, sagte er. Er setzte sich wieder, schlug die erste Seite auf und las sie mir vor.

»Was soll das alles heißen?« fragte er mich und legte das Buch weg. »Wenn Sie mir das sagen können, verstehen Sie von Literatur jedenfalls mehr als ich. Hat sich je ein Schriftsteller bei einem Werk übernommen, dann sicher Hardy in *The Dynasts.*«

Dann nahm er das Buch wieder auf und blätterte willkürlich weiter. »Das Folgende stammt aus einer Schlachtszene«, sagte er und las vor:

First Aide
The Archduke Charles retreats, your Majesty;
*And the issue wears a dirty look just now.**

›Die Lage zeigt im Augenblick ein übles Bild‹. Also wirklich, das ist einfach schlechte Prosa«, rief er aus.

»Es käme mir nicht in den Sinn, sie zu verteidigen«, sagte ich. »Niemand würde das tun. Aber so ist es nun einmal. Hardy hatte sich in den Kopf gesetzt, ein episches Drama zu schreiben; dazu hatte er weder einen Funken Talent noch, was wichtiger gewesen wäre, die Inspiration. Darüber, daß er kein Dichter ist, sind wir uns einig, aber das hindert ihn nicht daran, ein großer Romanschriftsteller zu sein: der ernsthafteste unter den englischen Romanautoren, denn er hat sich nicht gescheut, das Leben mit beiden Händen anzupacken, anders als die meisten seiner Kollegen, die in ihrer kommerziellen Gesinnung nur daran gedacht haben, ihre Leser zu unterhalten, und so der Trivialität verfielen.«

»Es gab daneben auch Kipling«, sagte Joyce. »Er erweist sich als Künstler in einer Geschichte wie etwa ›The Butterfly who Stamped‹. Auch zeigen die *Just So Stories* stellenweise wunderbare Fantasie, und diese Qualität scheint es Ihnen ja besonders angetan zu haben.«

* „Erster Adjutant: Der Erzherzog Charles zieht sich zurück, Majestät; und die Lage zeigt im Augenblick ein übles Bild."

»Ja«, gab ich zu, »aber es gibt einen Zug bei Kipling, der mir mißfällt.«

»Sie meinen jenen rohen Praktizismus, der bei ihm überall durchbricht, wie auch ein gewisses spießiges Beamtentum. Ich gebe Ihnen recht, auch was den säbelrasselnden Chauvinismus betrifft, der auf Nicht-Briten anstößig wirken muß.«

»Ja«, sagte ich. Schriftsteller wie Dostojewski, Turgenjew oder Gorki haben sich auf ihre Nationalität nie etwas eingebildet. Sicher das Zeichen eines großen Künstlers.«

»Ich pflichte Ihnen bei«, sagte er, »es ist ein vernichtendes Merkmal. Und ich lebe hier, um der rabiaten und seelenzerstörenden politischen Atmosphäre in Irland zu entgehen. Es ist äußerst schwierig, in solch einer Atmosphäre etwas Gutes zu schaffen, aber in der Atmosphäre, die ›Vater Murphy‹ schafft, ist es schlicht unmöglich. Schon sehr früh kam ich zur Überzeugung, daß ein Verbleiben in Irland gleichzusetzen wäre mit Verwesen, und ich hatte nie die Absicht zu verwesen; oder wenn es je dazu kommen sollte, dann wollte ich wenigstens auf meine eigene Weise verwesen, und die meisten Leute werden wohl zugeben, daß ich es so gehalten habe.«

In einem Gespräch über das Tut-anch-amun-Grab, das wir kurz nach seiner Entdeckung am 26. November 1922 führten, schien Joyce sich sehr für die religiösen Aspekte zu interessieren.

»Bei Besuchen des British Museum haben mich stets die assyrischen und ägyptischen Denkmäler beeindruckt: die geflügelten Monstren mit den gespaltenen Hufen, mitrageschmückten Köpfen, priesterlichen Gesichtern und langen gekräuselten Bärten; und die ägyptischen Vogel- und Katzenfiguren. Es wurde mir dann immer bewußt, daß die Assyrer und Ägypter viel besser als wir das Geheimnis des tierischen Lebens verstanden haben, ein Geheimnis, das vom Christentum kaum beachtet worden ist, da es sich ausschließlich mit dem Menschen befaßt und Tiere nur als Diener des Menschen gelten läßt. Ich wüßte im Augenblick keine einzige Stelle im Neuen Testament, wo ein Hund oder eine Katze wohlwollend erwähnt würde, und ich hielt es stets für ungerecht, daß die Teufel in die gerasenischen Schweine fahren mußten. Es stimmt zwar, daß in der Parabel von den Lilien des Feldes ein tieferer Ton anklingt, aber man fragt sich, warum die Parabel nicht weiter ausgeführt und das große unterbewußte Leben der Natur ignoriert wurde, ein Leben, das so mühelos höchste Vollkommenheit erreicht. Seit der Ankunft des Christentums scheinen wir den rechten Sinn für Verhältnisse eingebüßt zu haben. Auf den Menschen, ›geschaffen nach dem Bilde Gottes‹, wurde zuviel Gewicht gelegt, und ich glaube, die babylonischen Himmelsanbeter verstanden sich besser auf religiöse Ehrfurcht als wir. Aber heutzutage gilt bei den Kirchen die Verehrung Gottes in der Natur als eine Sünde.«

Während ich Joyce zuhörte, war ich erstaunt, daß er

sich, wenn auch nur so weit, über Religion ausließ, denn im allgemeinen ging er diesem Thema sorgsam aus dem Weg. Ich erinnere mich an einen Abend mit einem irischen Maler, der sich zu einem erbitterten Antikatholiken entwickelt hatte. Wir saßen in Joyces Wohnung, und jener wetterte über die von ihm so genannte italienische Verschwörung, aus der jeweils ein Mitglied bestimmt wurde, Gott auf Erden zu vertreten. Er machte sich darüber lustig, daß man einen von Menschen geschaffenen Gott in einen Tabernakel einsperrte und ihn nur jenen zur Verfügung hielt, die zur selben Sekte wie man selber gehörten. Er griff auch die Beichte an, die der Macht Gottes, zu verzeihen, Abbruch täte, und viele andere römisch-katholische Praktiken, an die ich mich im einzelnen nicht mehr erinnern kann. Joyce galt als Antikatholik, und so wartete ich denn auf seine Stellungnahme, aber er verharrte in seinem charakteristischen Schweigen; er hielt seine dünnen Lippen eng zusammengepreßt und bekundete während der erregten Debatte, die sich zwischen uns entspann, weder Beifall noch Mißbilligung.

Nur einmal äußerte er sich mir gegenüber zu diesen Dingen, als er mir nämlich erzählte, daß bei der Wahl eines neuen Papstes das Konklave der Kardinäle jeden Tag weniger Essen zugestellt bekäme, so daß diese am Ende gezwungen wären, ihre persönlichen Eifersüchteleien zu überwinden und einen Papst zu wählen. Die Geschichte, ob wahr oder nicht, schien ihn außerordentlich zu belustigen.

Sein entschlossenes Schweigen zum Thema Religion und menschliches Weiterleben nach dem Tod (ein Thema, mit dem ich ihn oft konfrontierte) erstaunte, ja erboste mich so sehr, daß ich ihn eines Tages, als wir am Théâtre de l'Odéon vorbeispazierten und das Thema wieder aufgekommen war, an einer Straßenecke festnagelte und ihm die direkte Frage stellte:

»Glauben Sie an ein Leben nach dem Tod?«
Durch meine plötzliche Ernsthaftigkeit in Verlegenheit gebracht, befreite er sich schnell und antwortete mit einem Zucken seiner schmächtigen Schultern:
»Ich halte nicht viel von diesem Leben.«
Damit war das Gespräch für ihn beendet, und es wurde mir klar, daß ich auf diese Fragen nie eine direkte Antwort von ihm erhalten würde.
Überhaupt gehörte es zu seinen ausgeprägten Eigenheiten, sich einer direkten Meinungsäußerung über wen oder was auch immer zu enthalten, eine Verschwiegenheit, die ich zum Teil auf seine Jugend in der provinziellen Atmosphäre Dublins zurückführte. Dort zirkulierte nämlich alles, was man sagen mochte, erheblich entstellt im jeweiligen Bekanntenkreis hin und her, bis es am Ende die fantastischen Dimensionen eines keltischen Märchens annehmen konnte, so daß man zunächst allem, was einem zu Ohren kam, mißtraute. Joyce äußerte so selten seine Meinung, daß man seine Grundüberzeugungen kaum einigermaßen abschätzen konnte. In der Tat schien sich sein Geist, unter Ausschluß alles übrigen, nur mit zwei Hauptproblemen zu beschäftigen: menschlichem Verhalten und menschlicher Umgebung, und auch nur insoweit sie mit Dublin zusammenhingen. Die französische Umgebung mit all ihrem Glanz und Reiz schien an ihm folgenlos vorbeizuziehen und gab seinem Talent nur insofern Nahrung, als er ihre intellektuelle Freiheit und »Annehmlichkeit«, wie er es nannte, würdigen konnte. Denn wenn man ihn nach seiner Meinung über Paris fragte, pflegte er bloß zu sagen, es sei »eine sehr angenehme Stadt«, wobei ich nie herausfand, was er eigentlich damit meinte.

6. Kapitel

Eines Abends zeigte sich Joyce unruhig und schlecht gelaunt, und ich nahm an, daß er noch arbeiten wollte oder daß ihn meine Gesellschaft langweilte. Ich war schon aufgestanden und im Begriff zu gehen, als eine Bemerkung von ihm über russische Schriftsteller eine Diskussion heraufbeschwor. Ich hatte ihm früher erzählt, daß ich unter allen Literaturen am meisten die chinesische, von der wir sehr wenig wissen, und die russische Literatur bewunderte und, falls ich zwei Lieblingsautoren bestimmen müßte, mich einerseits für die Hofdame Murasaki entscheiden würde, eine Japanerin, die in der chinesischen Tradition schrieb, andererseits für Puschkin, dem von allen europäischen Schriftstellern ich am liebsten nacheifern wollte.

»Die Hofdame Murasaki kenne ich nicht«, erwiderte er, »und so kann ich kein Urteil über sie abgeben, aber Puschkin!« – er schaute mich mit verdutzter Miene an. »Ich verstehe nicht, wie Sie sich mit so einfacher Kost unterhalten können – Erzählungen, die uns im Knabenalter amüsieren mochten, von Soldaten und Lagern, Bösewichtern und ritterlichen Helden, Pferden, die über weite Ebenen sprengen, und einer schönen Jungfrau von etwa siebzehn Jahren, die in einem geeigneten Winkel versteckt lebt und zu einem geeigneten Zeitpunkt gerettet wird. Ich weiß, daß die Russen Puschkin bewundern, aber, soviel ich weiß, hauptsächlich wegen seiner Poesie, die mir verschlossen ist, da ich kein Russisch verstehe. Aber ich erinnere mich, einmal eine Übersetzung seiner Prosa gelesen zu haben, *Die Hauptmannstochter:* eine bewegte Affäre, die einen Fünfzehnjährigen zu fesseln vermag. Wie ich schon sagte, war nicht die Spur von Sinn und Verstand darin zu finden, und es ist mir schleierhaft, wie Sie Puschkin den anderen Russen vorziehen können, etwa Tolstoi, der ungefähr das gleiche, aber auf höherer Stufe ausführte, oder Tschechow.«

»Turgenjew hielt Puschkin für den größten russischen Schriftsteller«, wandte ich ein.

»Sie sind also der Meinung, er sei größer als Turgenjew?« fragte Joyce.

»Allerdings«, erwiderte ich, »denn er war einfacher, reiner und tapferer, und ich glaube, daß letztlich alle Kunst, alle Literatur, auf den Menschen selber verweist. Ich glaube, daß Puschkin ein edleres Beispiel der Menschheit war als Turgenjew. Es wird erzählt, daß der Zar seine Frau umworben und heimlich ihr Miniaturbild getragen habe und daß Puschkins Feinde, aus Eifersucht auf sein Können oder aufgrund einer persönlichen Kränkung oder vielleicht auch aus reiner Bosheit, ihm jenen berüchtigten, schlecht leserlichen Zettel geschickt haben, worauf stand, Puschkin sei der »Ehrenwerten Gesellschaft königlicher Hahnreie« beigetreten. Hierauf ließ sie der allzu ritterliche, allzu hitzige, allzu stolze Puschkin fordern, und sie boten den tödlichsten Duellanten gegen ihn auf, seinen eigenen Schwager, soviel ich weiß. Drei Stunden später war der glänzendste literarische Genius Europas tot.«

»Das bestätigt nur meine Ansicht: er lebte wie ein Knabe, schrieb wie ein Knabe und starb wie ein Knabe«, bemerkte Joyce.

Ich mußte über sein Bonmot lächeln, obwohl es im wesentlichen nicht traf.

»Wir müssen den Ehrenkodex berücksichtigen, der damals herrschte, als die Männer ihre Ehre und die ihrer Frauen glühend verteidigten«, gab ich zu bedenken. »Dennoch, nehme ich an, hätte Puschkin unter den gegebenen Umständen den Brief ignorieren oder Ausflüchte suchen können; das wiederum hätte seinem Temperament widersprochen, denn seine Haupteigenschaft war seine ewige Jugend, in der die ältesten Dinge auf wunderbare Weise neu erstanden: Banditen, Mädchen in der Not und seine persönliche Ehre. Das sind auch die Themen der *Hauptmannstochter*«.

»Zu ihrer Zeit war sie wohl eine gute Erzählung, bemerkte Joyce, »doch es käme mir nie in den Sinn, Puschkin nachzueifern. Heutzutage sind die Menschen komplizierter geworden und fordern mehr als solch billige Reizmittel wie Banditen, ritterliche junge Offiziere und Mädchen in der Not. Der moderne Schriftsteller steht anderen, intimeren und ungewöhnlicheren Problemen gegenüber. Wir ziehen es vor, in Winkeln aufzuspüren, was bisher verborgen blieb; Stimmungen, Atmosphäre und intime Beziehungen sind die Themen des modernen Schriftstellers. Ich weiß übrigens nicht so recht, was Sie mit Ihrer Behauptung meinen, Puschkin sei ein größerer Schriftsteller als Turgenjew. Wenn Sie gesagt hätten, er sei einfacher, dann wäre ich vielleicht mit Ihnen einverstanden.«

»Ja, einfacher und größer«, sagte ich, »es kommt ungefähr auf dasselbe heraus. Denken Sie nur an Turgenjews längere Erzählung »Rudin«, eine seiner besten Geschichten, die aber nicht an *Die Hauptmannstochter* heranreicht, denn verglichen mit Pjotr nimmt sich Rudin korrupt und schwächlich aus. Er mißtraut sogar sich selber. Die Heldin Natalia ist nicht die ideale Heroine wie Mascha, denn ihre Liebe läßt nach, nachdem Rudin nicht mit ihr durchgebrannt ist, obwohl er alles in allem, arm und heimatlos wie er ist, durchaus ehrenhaft handelte und es nicht etwa aus Feigheit unterließ. Turgenjews Geschichte ist wohl realistischer und von vielleicht tieferer psychologischer Einsicht, aber Puschkins Entwurf ist idealer, abstrakter, wie die Maler sagen würden, und die Menschheit liebt nun einmal das Ideale. Puschkins Figuren sind nicht in psychologische Zweifel verstrickt, sondern begegnen dem

Leben mit einer alles bezwingenden jugendlichen Kühnheit, und deshalb muß man ihn dem subtileren Turgenjew vorziehen.«

Joyce seufzte und schenkte sich ein weiteres Glas »St Patrice« ein.

»Wir sind wieder bei der Streitfrage, was ›Poesie‹ sei, unterschieden von ›Literatur‹, was Leben und was eine von der Einbildungskraft vorgeschwindelte Lüge: der Unterschied zwischen dem ewigen Jüngling und dem *homo sapiens*. Wer daran geht, im Stil von Puschkin zu schreiben, wie es offenbar Ihre Absicht ist, oder selbst im Stil von Turgenjew, scheint mir demjenigen vergleichbar, der im Stil von Greuze oder Watteau ein Bild zu malen versucht: daraus mag ein geschichtliches Plagiat entstehen, aber niemals zeitgenössische Literatur. Der Künstler muß vom Geist seiner Epoche ergriffen sein, und Sie werden zugeben, daß noch zu allen Zeiten die besten Autoren die Propheten waren: Tolstoi, Dostojewski, Ibsen, eben jene, die der Literatur etwas Neues einbrachten. Was nun den romantischen Klassizismus betrifft, den Sie so sehr bewundern, so hat der *Ulysses* damit aufgeräumt. Im *Ulysses* habe ich nämlich den neuen Weg erschlossen, und Sie werden sehen, daß er von immer mehr Leuten eingeschlagen wird. Sie können sogar von ihm eine neue Richtung in der Literatur herleiten: den neuen Realismus. Obwohl Sie Kritik üben am *Ulysses*, müssen Sie mir doch eines zugestehen: ich habe die Literatur aus ihren uralten Ketten befreit. Sie sind offensichtlich ein unnachgiebiger Traditionalist, aber Sie können nicht darüber hinwegsehen, daß ein neuer Weg des Denkens und Schreibens aufgebrochen worden ist, und wer ihn nicht gehen mag, bleibt eben auf der Strecke zurück. Früher waren die Schriftsteller an Äußerlichkeiten interessiert und haben, wie Puschkin und selbst Tolstoi, nur auf einer Ebene gedacht; in unserer Zeit aber geht es um die unterirdischen Kräfte, jene verborgenen Gezeiten, die alles lenken und die Menschheit gegen den sichtbaren Strom treiben: jene hinterhältigen Subtilitäten, welche die Seele einhüllen, die aufsteigenden Regungen des Geschlechts.«

»Das mag schon sein«, erwiderte ich. »Auch bestreite ich nicht Ihren Einfluß, und den aller anderen Psychologen, auf die gegenwärtige Literatur, obwohl ich ihn zuweilen bedauere. Gleichwohl halte ich daran fest, daß der *beau sabreur* immer noch eine Daseinsberechtigung hat. Er mag weder sonderlich reif sein noch Meisterwerke schaffen oder sich in modernen Meisterwerken versuchen, obwohl, wenn ich es mir gründlich überlege, sogar Hamlet ein *beau sabreur manqué* war. Ja gerade darin liegt seine Größe, denn es schlägt ihm zur Tragödie aus, daß er ein von seinen Gedanken behinderter Held ist. Und ein großer Teil der modernen Literatur trägt insofern Hamlet-ähnliche Züge, als die Handlung von Gedanken überwuchert wird, die in Pessimismus münden.«

Aber Joyce schien das Gespräch zu langweilen, und um ihm eine andere Wendung zu geben, fragte er mich:

»Welchen literarischen Persönlichkeiten wären Sie gerne begegnet?«

»Sie meinen, in der neueren Zeit?« fragte ich ihn.

»Ja, in der neueren Zeit.«

»Den großen Russen«, sagte ich. »Puschkin, Turgenjew und Tschechow.«

»Und Tolstoi?« fragte er.

»Ja, ich hätte ihn gern kennengelernt«, gab ich zu, obgleich ich ihn wahrscheinlich nicht gemocht hätte. Er war ein zu stürmischer Mensch. Und zuletzt hat er sich allzu sehr um soziale Fragen gekümmert, aber ich anerkenne in ihm den großen Künstler, den Autor einiger der besten Erzählungen, die je geschrieben wurden. Ich hätte ihn zwar nicht lieben, aber ich hätte ihn bewundern können, denn wir lieben diejenigen nicht, die uns überwältigen. Für mich ist er der »Iwan der Schreckliche« der Literatur, brillant, majestätisch und grausam, denn wie bezaubernd er sich auch geben mag, wir werden das Gefühl nicht los, daß er eine unliebenswürdige und unbarmherzige Seite verbirgt. Man kommt nicht umhin, seine Begabung zu bewundern, aber er berührt uns nicht auf die gleiche Weise wie Turgenjew. Wenn ich an russische Literatur denke, fällt mir immer Turgenjews *Adelsnest* ein, und jenes herrliche Mädchen Lisa erscheint mir: ihr Stolz, ihr Ernst, ihr innerer Konflikt. Die Geschichte fließt dahin, so unausweichlich und so unmerklich wie das Leben selber. ›Une jeune fille grande, svelte avec de beaux cheveux noirs‹: das ist die einzige Beschreibung, die er von ihr gibt. Wir können sie uns nach unseren Wünschen und unserer Vorstellung formen, und ihre Gefühle werden unsere Gefühle.«

»Sie haben einen merkwürdigen Geschmack«, bemerkte Joyce, »denn ich halte es für sein schwächstes Werk. Dieser unentschlossene ›cocu‹ Lavretzkij und diese blutarme nonnenhafte Lisa; und dann dieses ganze exzentrische Nest von Tanten, Onkeln, Kusinen und Vettern, die ihre Umgebung ausmachen. Ein Roman, der für mich wie literarisches Seidlitzpulver schmeckt, in dem sich die Leute, wenn ich mich recht erinnere, ständig in ihren Zimmern einschließen, um zu stricken und zu beten; und die einzige Abwechslung, die sie kennen, ist eine gelegentliche Wagenfahrt übers Land zu einem See, an dem sie sitzen und seufzen und von dem sie möglichst bald wieder nach Hause eilen, damit auch ja niemand einen Schnupfen aufliest: das nutzlose Leben von Gutsbesitzern, die es unziemlich finden, ihr eigenes Land zu bearbeiten. Schließlich endet der Roman im selben Dunst, in dem er begann, nämlich mit ihrem Entschluß, ins Kloster zu gehen.«

»Diese Inhaltsangabe ist entschieden ungerecht«, protestierte ich. »Lisa hat vielleicht nicht den *élan* einiger französischer Romanheldinnen, etwa die Ausstrahlung einer Herzogin Sanseverina in der *Chartreuse de Parme*, denn die Herzogin ist auf schönere und ungewöhnlichere Weise leidenschaftlich. Aber wir fühlen, daß Lisa eine innere geistige Leuchtkraft beseelt, gemäß dem wesenhaften Unterschied zwischen den slawischen und den lateinischen Völkern. Erst gegen Ende des Buches, in jener Szene in Martha Timofiewnas Zimmer, als sie im Kerzenschein vor den Ikonen niederkniet, ahnen wir etwas von der wirklichen Lisa – erinnern Sie sich daran?«

»Ja, ich erinnere mich«, rief Joyce aus. »Ein feines hinterhältiges Stückchen, das sie dem unglücklichen ›cocu‹ zumutet, den sie so lange warten ließ. Für mich war sie immer der Inbegriff religiöser Selbstsucht, ja Feigheit, denn weder würde sie den Skandal auf sich nehmen, mit Lawretzkij davonzulaufen, noch die wattenhafte Behaglichkeit ihres Elternhauses verlassen und mit Lawretzkij ein ausländisches Exil teilen. So geht sie eben in ein Kloster – ›weg mit ihr in ein Nonnenkloster‹. Ich kann dem Buch nur ein einziges Verdienst zugute halten: daß es eine der ersten Bemühungen um Psychologie im Roman ist. Aber die ganze Geschichte ist in einem so altmodischen Stil geschrieben, daß sie überall knirscht. Lisas geheime Gedanken bleiben verborgen, wie auch der wirkliche Beweggrund ihres Wesens; er kommt nicht über die klassischen Schriftsteller hinaus, die nur ein gefälliges Äußeres zeigen und nichts wissen von der inneren Konstruktion, der pathologischen und psychologischen Struktur, die unser Verhalten und Denken prägen. Umfassendes Verstehen ist die Aufgabe der Literatur, aber wie können wir die Menschen verstehen, wenn wir ihre lebenswichtigsten Funktionen weiterhin ignorieren? Turgenjew war ein

Sentimentaler, besessen von seinem Sensualismus, von dem er nicht ablassen wollte. Er sah das Leben in geregelter Form, trotz seiner erklärten Bewunderung für Revolutionäre; er scheint sich sogar ein besonderes Vergnügen daraus gemacht zu haben, sie zu zähmen und zu besiegen, wie er Basarow in *Väter und Söhne* zähmt und besiegt, und im Gegensatz zu Dostojewski etwa war ein artiger russischer Edelmann, der ab und zu mit dem Feuer spielte, aber sorgsam darauf achtete, sich nicht zu verbrennen. Tolstoi war nach meiner Meinung aufrichtiger, denn Turgenjew gingen sein häusliches Wohlbehagen und seine literarischen Zirkel über alles, und die einzigen Leute, die sich in seinen Romanen überzeugend ausnehmen, sind seine blutarmen Adligen. Er war ein Mann der Absonderung, nicht der Aktion, und seine Welt ist eine verblichene Welt in Wasserfarben. Ich gebe zu, daß er ein liebenswürdiger Mensch war, und man kommt nicht umhin, ihn gern zu haben, wie man eben eine schwächliche, aber angenehme Person gern hat, aber ich kann ihn nicht als großen Schriftsteller bewundern. Ich halte jene frühen *Aufzeichnungen eines Jägers* für sein bestes Werk, denn in ihnen kommt ein tieferes Verständnis des Lebens zum Ausdruck als in den Romanen. Aus ihnen erhalte ich eine Vorstellung jenes Rußlands in den vierziger Jahren des neunzehnten Jahrhunderts, jenes aufgerührten, brodelnden Kessels, bevor er überkochte. Und ich werde nie die Antwort vergessen, die ein Bauer Turgenjew auf die Frage gab, warum er nicht verheiratet sei*: ›Hast du Familie? Warst du verheiratet?‹ ›Nein, Väterchen. Die verstorbene Tatjana Wassiljewna – das Himmelreich sei ihr beschieden! – erlaubte keinem zu heiraten. Gott bewahre! Sie sagte

* Aus: Iwan Turgenjew, *Aufzeichnungen eines Jägers*, übersetzt von Herbert Wotte, Peter Hammer Verlag, Wuppertal-Barmen, 1971. (S. 107)

immer: Ich lebe ja auch so, als Jungfer; was ist das für eine Albernheit! Wozu brauchen Sie das?‹« Joyce hatte einen jener plötzlichen Lachausbrüche, die bei ihm so selten waren.
»Und *Frühlingsfluten?«* fragte ich ihn nach einer Weile, als sich sein Lachanfall gelegt hatte.
Aber er schüttelte verneinend den Kopf.
»Es hat auf mich keinen großen Eindruck gemacht, und so habe ich es schlecht im Gedächtnis behalten. Immerhin erinnere ich mich an den russischen Jüngling Sanin und seine Liebesgeschichte mit dem kleinen zukkersüßen italienischen Mädchen Gemma, eine langwierige, ermüdende Episode, die auch ein künstlich herbeigeführtes Duell nicht zu beleben vermag. Jener Ritt in den Wald und die Erfüllung ihrer Leidenschaft im Gewitter fand ich ebenso antiquiert wie eine Oper von Bellini.«
»Er war ein klassischer Schriftsteller«, sagte ich, und im Gegensatz zu einem Dostojewski werden eben heutzutage seine gesunden und ausgewogenen Eigenschaften nicht mehr geschätzt. Dennoch haben sie allein Bestand. Dostojewski fährt über uns her wie ein Sturm, und wie an einen Sturm erinnern wir uns, gelegentlich, an ihn – aber Turgenjew eignet eine Geschliffenheit und Härte, wie man sie bei Maupassant findet.«
»Nein«, sagte Joyce, »Sentimentalität ist nie und nimmer hart; sie tendiert vielmehr zu wohlig gemütlichem Nebel. Die heutige Generation kann ihn nicht ausstehen, und fragen Sie sich, weshalb? Leidenschaft schafft und zerstört, aber Sentimentalität ist nur totes Wasser, in das man allen erdenklichen Plunder geworfen hat, und ich wüßte kein einziges sentimentales Werk, das länger als ein paar Generationen überdauert hätte. Rohe Kraft ist besser; da hat man es wenigstens mit etwas Elementarem zu tun. Die kürzeren Werke gelangen ihm am besten.

»Nein!« fuhr er nach einer Weile fort, »am meisten bewundere ich aus dieser Zeit Tschechow. Er hat der Literatur etwas Neues eingebracht, ein Verständnis des Dramas, das der klassischen Idee opponiert, wonach ein Stück einen klaren Anfang, einen klaren Mittelteil und ein klares Ende hatte und der Autor es im zweiten Akt zu einem Höhepunkt steigern mußte, den es im letzten Akt aufzulösen galt. Aber in einem Stück von Tschechow gibt es weder einen Anfang noch einen Mittelteil, noch ein Ende, und nichts treibt darin auf einen Höhepunkt zu. Seine Stücke bestehen aus fortlaufender Handlung, in der das Leben auf die Bühne strömt und dann weiterfließt, in der nichts aufgelöst wird, denn bei all seinen Figuren fühlen wir, daß sie schon gelebt haben, bevor sie auf die Bühne kommen und daß sie nach ihrem Abgang ebenso dramatisch weiterleben werden. Sein Drama ist nicht so sehr ein Drama von Individuen als vielmehr das Drama des Lebens, im Unterschied etwa zu Shakespeare und dessen Drama aus widerstreitenden Leidenschaften und Bestrebungen. Während in anderen Stücken der Kontakt zwischen den Personen gewalttätige Formen annehmen kann, sind Tschechows Figuren gar nicht imstande, irgendwelchen Kontakt miteinander aufzunehmen. Jede lebt in ihrer eigenen Welt; selbst in der Liebe sind sie unfähig, am Leben ihrer Geliebten teilzuhaben, und ihre Einsamkeit erschreckt sie. Andere Stücke wirken erfunden und theatralisch; ungewöhnliche Leute tun ungewöhnliche Dinge. Bei Tschechow aber ist alles verhalten und gedämpft wie im Leben selber, mit unzähligen Strömungen und Gegenströmungen, die kommen und gehen und die scharfen Konturen verwischen, jene scharfen Konturen, die andere Dramatiker so schätzen. Er ist der erste Dramatiker, der das Äußere auf den ihm gebührenden Platz verwiesen hat. Dennoch versteht er es, mit dem beiläufigsten Zug

Tragödie, Komödie, Charakter und Leidenschaft zu enthüllen. Am Ende des Stücks glaubt man für einen Augenblick, daß seine Figuren aus ihren Illusionen erwacht sind, aber wenn der Vorhang fällt, begreift man, daß sie sich bald neue schaffen werden, um die alten zu vergessen.«

»Ich stimme Ihnen zu«, sagte ich, »er war einzigartig. Seine Menschlichkeit war einzigartig, und in einem Stück wie den *Drei Schwestern* kommt sie vielleicht am stärksten zum Ausdruck. Aber da wir schon über russische Literatur sprechen, was halten Sie eigentlich von Dostojewski? Sagt er Ihnen zu?«

»Selbstverständlich«, antwortete Joyce, »denn ihm fällt wie keinem andern das Verdienst zu, die moderne Prosa geschaffen und ihr zu ihrer gegenwärtigen Höhe verholfen zu haben. Seine Sprengkraft zertrümmerte den viktorianischen Roman mit seinen zimperlichen Mädchen und geregelten Gemeinplätzen, Bücher ohne Einbildungskraft oder Gewalt. Ich weiß, daß ihn einige Leute für fantastisch oder gar wahnsinnig halten, aber die Motive, die er in seinen Werken verwandte: Gewalt und Leidenschaft, sind der Atem der Literatur. Man hat bekanntlich viel Wesens gemacht um das über ihn verhängte Todesurteil, das erst kurz vor der drohenden Erschießung in eine Freiheitsstrafe umgewandelt worden war, und um seine darauffolgende vierjährige Verbannung nach Sibirien. Aber diese Ereignisse haben seinen Charakter nicht eigentlich gebildet, sondern allenfalls verstärkt; er war schon immer von der Gewalt besessen, und das macht seine Modernität aus. Dadurch machte er sich indessen bei vielen seiner Zeitgenossen verhaßt, bei Turgenjew etwa, der die Gewalt verabscheute. Tolstoi bewunderte ihn, aber hielt nicht viel von seinen künstlerischen und intellektuellen Fähigkeiten. Dennoch ›bewundere er sein Herz‹, wie er bekannte, eine Kritik, die sehr viel

Wahrheit enthält, denn obwohl Dostojewskis Personen sich überspannt, ja fast verrückt aufführen, ist ihre Anlage fundiert.«

»›Dampf und Tumult‹: so hat ihn George Moore verstanden. ›Sein Mischmasch ist wunderbar, aber mich gewinnt er nicht ...‹, was ich auch von mir sagen kann.«

»Ja«, erwiderte Joyce, »aber wie hätte ein Mann wie der Pariser George Moore einen Schriftsteller wie Dostojewski bewundern können, Moore, dessen literarische Helden Balzac und Turgenjew waren, Traditionalisten wie er selber mit der ihnen angestammten Schlaffheit? Aber es gibt Leute, und es sind nicht wenige, welche *Die Brüder Karamosow* für einen der größten Romane halten, die je geschrieben wurden. Mich hat dieser Roman jedenfalls sehr stark beeindruckt.«

»Dennoch ist er ein Chaotiker«, sagte ich, »der erste der großen Unverständlichen, die das Chaos auszuleuchten versuchten, aber es nur noch mehr verdunkelten.«

»In gewisser Hinsicht vielleicht«, gab Joyce zu, »aber er hat unvergeßliche Szenen geschaffen. Erinnern Sie sich an die Stelle, da Aljoscha seinen Vater besucht, nachdem er von Dimitri verletzt worden ist; der Vater hat seine Stirne mit einem roten Tuch verbunden und tritt immer wieder zum Spiegel, um seine Wunden zu betrachten, und erklärt dabei, daß er nicht von seinem bisherigen leidenschaftlichen und liederlichen Leben ablassen will. Seinem Stolz, seiner Prahlerei, seinem Verlangen nach der jungen Gruschenka, Hure und Jungfrau in einer Person.«

»Ich erinnere mich, sagte ich, »wie mich einmal ein Freund und Schriftsteller mit vor Begeisterung glühenden Augen fragte, was ich von Gruschenka halte. Ich mußte ihm eine Antwort schuldig bleiben. Damals wurde mir nämlich bewußt, daß Gruschenka und überhaupt alle Figuren Dostojewskis unwirklich sind. Beim Lesen von Dostojewski frage ich mich fortwährend, ob vernünftige Menschen je so handeln und sprechen könnten wie sie. Es sind überlebensgroße Übertreibungen oder, um es unverblümt auszusprechen: sie sind allesamt wahnsinnig.«

»Sie können es Wahnsinn nennen«, sagte Joyce, »aber darin liegt vielleicht gerade das Geheimnis seines Genies. Hamlet war wahnsinnig, und darauf beruht das große Drama; einzelne Figuren in den griechischen Tragödien waren wahnsinnig; Gogol war wahnsinnig; Van Gogh war wahnsinnig. Aber ich spreche lieber von Exaltiertheit, die vielleicht in Wahnsinn übergehen kann. Überhaupt hatten alle großen Männer diese Anlage in sich; sie war die Quelle ihrer Größe; der vernünftige Mann vollbringt nichts.«

7. Kapitel

Wie jedermann damals interessierte sich Joyce für den Fall Bywaters und Thompson, von dem die englischen Zeitungen im Dezember 1922 voll waren; sogar die *Times* widmete ihm einen ausführlichen Bericht. Bywaters, ein junger Schiffsteward, hatte während sieben Jahren mit einer Mrs. Thompson verkehrt und ihr jeweils von seinen Reisen Briefe geschrieben, die sie vernichtete. Er aber bewahrte ihre Briefe auf, in denen sie Pläne ausheckte, ihren Ehemann zu vergiften. Diese Briefe lagen dem Gericht vor und wurden ihr zum Verhängnis.

Tragisch wie sich die Affäre insgesamt ausnahm, entbehrte sie doch nicht einer gewissen Komik. Mrs. Thompson vermochte ihren Mann dazu zu bewegen, in der Nacht aufzustehen und eine zerriebene elektrische Glühbirne zu trinken. In einem der Briefe an Bywaters, die in der Verhandlung vorgelesen wurden, schrieb sie: ›Die Glühbirne erfüllte mich mit großer Hoffnung, und ich verwendete viele große Stücke ... Könnte man aus dem Zeug nicht kleine Pillen machen, sie mit Seife umhüllen und in Lakritze einlegen, wie Beecham ... Ich bin sicher, daß ich ihn nie dazu bringen kann, eine genügende Menge von etwas Bitterem einzunehmen.‹ In einem anderen Brief schrieb sie: ›Ich habe die Glühbirne dreimal verwendet. Beim dritten Mal fand er ein Stück, und so habe ich es jetzt aufgegeben, bis Du nach Hause kommst.‹

Bywaters war ein hübscher, anständig aussehender junger Mann, von dem ich in der Zeitung eine Fotografie sah, wie er gerade ins Old Bailey geführt wurde; Detektive geleiteten ihn mit der übertriebenen Sorge einer Mutter für ihr einziges Kind zur Urteilsverkündung und -vollstreckung. Warum empfindet man eigentlich soviel Mitleid für die beiden? Wohl deshalb, weil es um den alten Kampf von Jugend und Liebe gegen die Konvention geht, wobei schwer verständlich bleibt, warum sie nicht zusammen durchbrennen wollten. Sie hatte offenbar eine gute Stelle und befürchtete, wenn sie mit Bywaters davonliefe, müßte sie von seinem kleinen Gehalt leben. Diese Furcht scheint indessen reichlich übertrieben, denn erstens hätte sie vielleicht ihre Stelle gar nicht verloren, und zweitens hätte sie, die so tüchtige Geschäftsfrau, wahrscheinlich mühelos eine andere Stelle gefunden. Aber offensichtlich hatte sie sich in den Kopf gesetzt, um ehrbar zu bleiben, müsse ihr Ehemann sterben. Bywaters scheint ein eher einfacher Junge gewesen zu sein, galant und ritterlich, seinem Verhalten während des Prozesses nach zu urteilen, wo er bestrebt war, die Schuld auf sich zu nehmen, und alles ihm mögliche tat, um sie zu entlasten: ein triebbestimmter, labiler junger Mann, der ganz unter ihrem Einfluß stand und während seiner Reisen über dem brütete, was sie ihm geschrieben hatte. Seine Geistesverfassung kann man einigermaßen aus seiner Sammlung von Zeitungsausschnitten erraten, die sie ihm zum Teil geschickt und die er zum anderen Teil selber aufgehoben hatte, Ausschnitte mit Überschriften wie: »Der vergiftete Geistliche«, »Frauen, die Männer hassen«, »Die Schlacht der Waden und Knöchel«, »Tod durch Hühnerbrühe«, »Die Scheinehen«, und so weiter. Er wäre sicher gerne mit ihr durchgebrannt, aber sie bestand auf dem Mord. Sie war offenbar von dieser Idee besessen, denn sie schrieb in einem Brief an ihn: »Gestern begegnete ich einer Frau, die innerhalb von elf Jahren drei Ehemänner verloren hatte und nicht einmal im Krieg. Zwei ertranken und einer beging Selbstmord. Daneben gibt es Leute, die nicht mal einen loswerden können. Wie ungerecht doch alles in der Welt ist ...« Die ideale Lösung für sie wäre

Thompsons Selbstmord gewesen, aber er muß ein ungewöhnlich fantasiearmer Mann gewesen sein, der gleichmütig an seiner Glühbirne trank, bis ihm größere Stücke in der Mixtur auffielen. Offenbar wußte er vom Verhältnis Bywaters' mit seiner Frau und daß die beiden gegen ihn etwas im Schilde führten, aber er ahnte wohl nicht, daß sich die Dinge so zuspitzen würden. Er hat seine Frau zweifellos geliebt, obwohl sie ihn heimlich haßte, aber zuzeiten gelang es ihrer weiblichen Tücke, ihre Haßgefühle vor ihm zu verbergen, denn sie schrieb Bywaters in einem anderen Brief: »Als ich ihm sagte, daß ich ihn nicht liebe, war er erstaunt.« Und als Bywaters ihn bat, sich von ihr scheiden zu lassen, ignorierte er ihn gelassen. Man nimmt an, daß Thompson sie manchmal schlug, was Bywaters zur Raserei trieb.

»Die rätselhafteste Figur in diesem Fall ist der Ehemann«, bemerkte Joyce. »Der vor dem unwiderstehlichen Ansturm unbewegliche Klotz, der so tief in seinen Gewohnheiten ruhte, daß ihm alles, was von außen auf ihn eindrang, unwirklich vorkam; wir haben kein klares Bild von ihm. Aber eins ist sicher: Wenn sich dieser Fall in Frankreich ereignet hätte, wären sie nicht hingerichtet worden. Ich glaube, die englische Justiz war im Unrecht, als sie die beiden Seite an Seite auf die Anklagebank setzte und aburteilte, die nachgewiesene Schuld des einen daher auch als Schuldbeweis für den anderen galt, während doch ein Beweis gegen den einen nicht notwendigerweise den anderen belasten mußte. Es spielte dabei eine gewisse Rachsucht mit. Schließlich hat sie ihn nicht umgebracht: vielleicht war sie sogar, nach dem was wir wissen, gegen seine Ermordung und bloß machtlos, sie zu verhindern. Zwar hatte sie Bywaters dazu angestiftet, und das während einiger Jahre, aber es ist nicht ganz das gleiche wie jemanden tatsächlich umbringen. Ich gebe zu, es war ein schwieriger

Fall. Dennoch war es grausam und unmenschlich, wie der Richter gegen sie verhandelte.«

»Es gibt jedenfalls keinen Zweifel darüber, daß er ihren Mann erstach«, sagte ich.

»Ich weiß, und wie die Mühlen Gottes mahlt die englische Justiz langsam, aber äußerst fein. Dennoch war wohl jeder darüber empört; wie schrecklich kann das Gesetz manchmal zuschlagen. Wie alles andere müßte auch das Gesetz revidiert werden können, was die Franzosen ja auch getan haben, sogar in übertriebenem Maße, wie einige finden, und seine Unerbittlichkeit müßte abgeschafft werden. Einmal schrieb sie Bywaters in einem Brief: ›Er (der Ehemann) hat alle Rechte vom Gesetz erhalten, die Dir von der Natur und der Liebe zustehen‹, was der Richter in seinem Resümee so kommentierte: ›Wenn dieser Unsinn etwas bedeutet, dann nur das, daß die Liebe eines Ehemannes zu seiner Frau nicht zählt, weil die Ehe vom Gesetz anerkannt wurde.‹ Außerdem bemerkte er, Bywaters' Briefe verrieten bloß eine unvernünftige, dumme Zuneigung.‹ Mit anderen Worten: Menschlichkeit zählt nicht und das Gesetz bedeutet alles. Das mag bis zu einem gewissen Punkt stimmen, aber das Gesetz müßte Milderungsgründe vorsehen, die dem Unterschied angepaßt wären zwischen einem brutalen Mord und etwa der Verzweiflungstat einer Frau, die ihr Kind tötet und sich dann selber umzubringen versucht – einem Doppelmord in den Augen des Gesetzes.«

»In der Zeitung sah ich einige Fotografien der Personen des Prozesses«, erzählte ich ihm. »Der Ehemann sah wie ein typischer junger Engländer aus, hübsch und Bywaters ein wenig ähnlich – sie hätten durchaus Brüder sein können –, ein Typ, der sie offenbar anzog. Sie selber war hübsch und außergewöhnlich charakterstark: die selbstbewußte Leiterin eines Kleidergeschäftes in der Stadt. Nach einer Fotografie zu schließen, die während ihrer gemeinsam zu dritt verbrachten Ferien aufgenommen wurde, scheint ihr Mann sie sehr gern gehabt zu haben, denn er liegt neben ihr und hat seinen Kopf in ihren Schoß gebettet.«

»Es lag kein schlüssiges Beweismaterial gegen sie vor«, sagte Joyce, »trotz all ihrer Briefe, in denen es hieß, sie hätte ihrem Mann dies oder jenes gegeben. In seinem Körper wurden keine Spuren von Gift, Glas, etc. gefunden, und erst Bywaters Sechs-Shilling-Messer hat ihn schließlich umgebracht. Beim Prozeß schwor sie, daß sie ihrem Mann nichts gegeben hätte, und alles wäre nur ein aufgeschriebenes Hirngespinst von Bywaters. Ihr Geist war offensichtlich voll von dem Zeug, das sie gelesen hatte, während sie jene Briefe schrieb, um sich in seinen Augen ein romantisches Aussehen zu geben, denn er seinerseits pflegte sie mit Beschreibungen seines Lebens auf den Reisen zu foppen. Ich habe das Bild ganz klar vor mir«, rief Joyce aus. »Ilford – die finsteren Straßen mit den matten Lichtern hinter den gelben Jalousien; aus der Ferne trägt ein sanfter Wind den starken Geruch von Fischen und Chips heran; die Thompsons spazieren Arm in Arm unter den Bäumen, als dieser junge Mann plötzlich auftaucht und ihn ersticht; die Frau schreit und jammert und sucht, wenigstens dem Anschein nach, Hilfe. Ich rieche förmlich die englische Atmosphäre – sie erinnert mich an . . . ja, an Strand, etwa an einem Samstagabend; das Gedränge der Leute in den Gängen vor den Kneipen; die plötzlichen Schlägereien; die verkehrsmüden Straßen; die Bogenlampen, die auf die schmutzigen, zertrampelten Gehsteige hinunterscheinen. Ich erinnere mich, wie ich das alles haßte und wie mir klar wurde, daß ich mich nie in das Leben in England hätte einfügen oder auch nur dort hätte arbeiten können, denn ich hätte das Gefühl gehabt, daß in dieser Atmosphäre von Macht, Politik und Geld das Schreiben eine zu geringe

Bedeutung einnahm. Obwohl es in England nicht an gesetzlicher Freiheit mangelt, ist es, was man auch sagen mag, mit der individuellen Freiheit nicht weit her, denn in England gebärdet sich jedermann gegenüber seinem Mitmenschen als Sittenrichter. Paris ist der einzige Ort in Europa, wo man eine wirkliche Freiheit genießt, wo sich keiner im geringsten darum kümmert, was sein Nachbar denkt oder tut, solange sich dieser anständig benimmt. Aber in England beschäftigt sich jeder mit jedem, was niemandem außer einem Engländer zumutbar ist. In Dublin herrschte zu meiner Zeit jene verzweifelte Freiheit, die aus mangelnder Verantwortlichkeit rührt, denn damals regierten die Engländer und daher äußerte jeder freimütig seine Meinung. Seit Bestehen des Freistaates soll es aber dort weniger Freiheit geben. Die Kirche hat jetzt überall die Hand im Spiel, so daß wir drauf und dran sind, eine bürgerliche Nation zu werden, wobei die Kirche die Aristokratie vertritt ... und ich sehe nicht viel Hoffnung für unser geistiges Leben. Wenn die Kirche einmal an der Macht ist, wird sie alles verschlingen ... und nur ein paar alte Fetzen übriglassen, deren Besitz sich nicht lohnt: und wir werden vielleicht zu einem zweiten Spanien verkommen.«

8. Kapitel

Ich veranstaltete in meinem Atelier in der Rue de la Grande Chaumière ein Fest, zu dem ich die Davidsons und einen amerikanischen Journalisten, der bei ihnen wohnte, meinen Freund Barlow, eine Miss Vail, Lady Orde und die Joyces einlud.

Am Morgen ging ich auf den Boulevard und kaufte Kuchen, wobei ich jene Läden aufsuchen wollte, wo sie am genießbarsten waren. Ich hatte zunächst im Sinn, zu Rumplemeyer an der Rue de Rivoli zu gehen und von dessen berühmten Backwaren zu kaufen, aber dann schien mir der Weg doch zu weit. Außerdem waren sie dort teuer. Ich mußte noch einige Tassen und Untertassen einkaufen, und den Rest des Vormittags verbrachte ich mit dem Putzen des Ateliers – eine bitter nötige Maßnahme.

Es war eine prächtige alte Wohnung mit einem großen Fenster, das auf einen baumbestandenen Hof hinausging, an dessen Ende die Carlarossi Ateliers lagen. Sie war sehr geräumig und hatte eine *soupente*, auf der ich schlief. Wie alle diese Ateliers wurde sie mit einem jener zylinderförmigen Öfen geheizt, von dem eine lange Röhre über die *soupente* führte und durch die Wand verschwand. Wenn ich stark genug einheizte, färbte sich der Ofen manchmal glühend rot, da sich die Hitze die Röhre hinauf ausbreitete, die mattrot wurde; trotz des großen Fensters konnte ich somit, auch während des fürchterlich kalten Pariser Winters, das Atelier recht warm kriegen.

Als erster Gast erschien Lady Orde, die mit einem Maler verheiratet war, und dann kamen Jo Davidson, seine Frau Yvonne und der amerikanische Journalist, ein geschäftiger kleiner Mann, der mit seinem Gebaren zu verstehen gab, daß dieses Pariser Künstlerleben

irgendwo auf einem Schwindel beruhen müsse und er dazu berufen sei, diesen zu entlarven.
Dann kam Rudolph, ein alter Freund von mir, den ich während des Krieges in London kennengelernt hatte; er war als Reiseleiter in einem Reisebüro angestellt und nun in Paris gestrandet. Eine Französin, die er auf einer Gesellschaft getroffen hatte, hielt ihn für begabt und gewährte ihm großmütig eine kleine Zuwendung, so daß er in Paris bleiben und schreiben konnte.
Als nächste erschien Anita, ein Mädchen von irisch-polnischer Abstammung, das aber seine irische Seite abzustreifen suchte, und gleichzeitig mit ihr jene blendend aussehende junge Amerikanerin, die ich ganz zuletzt noch eingeladen hatte; sie war von halb indianischer Abstammung, eine Kreuzung zwischen Venus und Adonis, obwohl böse Zungen behaupteten, daß der Adonis in ihr überwöge.
Endlich erschien Joyce, der Ehrengast, mit seiner Frau, und da ihn Jo Davidson kannte und ich gerade mit Wasserkochen beschäftigt war, überließ ich ihm die mühselige Aufgabe, Joyce mit den übrigen Gästen bekannt zu machen. Sobald Joyce die quälende Prozedur der Vorstellung über sich hatte ergehen lassen, trat er einige Schritte zurück und machte keine weiteren Anstrengungen. Obwohl er die Höflichkeit selber war, schien es so, als ob meine Gäste ihn langweilten oder er zu scheu war, die anfängliche Befangenheit zu überwinden.
Mrs. Joyce dagegen war viel geselliger, aber in seiner Anwesenheit rückte sie nicht von seiner Seite, und ihre natürliche Umgänglichkeit schien sie im Stich zu lassen. Jo Davidson, der gesellschaftlich begabteste Mensch, der mir je begegnet ist, hielt das Gespräch hauptsächlich in Gang, während ich mir verzweifelt am Gasherd in der entfernten Ecke zu schaffen machte, hin und her hastete, kochendes Wasser herbeiholte,

kurz: die Pflichten eines Gastgebers erfüllte. Als ich mich über den Herd beugte, klopfte es an der Tür und herein trat ausgerechnet jene hübsche Wäscherin, die vorbeikam, um ihr damaliges Fernbleiben auf dem Bal Bullier zu erklären. Sie trug ihre gewöhnlichen Arbeitskleider, wollte aber offenbar hereinkommen, und so murmelte ich vage, sie möge mir am Herd helfen. Als das Mädchen hereinkam, entstand eine Gesprächspause unter meinen Gästen, und alle vermuteten, daß ich ein Verhältnis mit ihr hätte, was leider nicht zutraf. So kehrte ich verwirrter denn je zur Gesellschaft zurück und bot in verzweifelter Haltung nach allen Seiten Kuchen an, auch Leuten, denen ich sie eben zuvor angeboten hatte. Als ich noch etwas heißes Wasser holen wollte, war sie ebenso plötzlich und geheimnisvoll verschwunden, wie sie erschienen war; diese Zusammenkunft wohlangezogener Ausländer hatte ihr nicht zugesagt.

Ich schlängelte mich an den Gästen vorbei und ging zu Joyce, um ihn womöglich der Gesellschaft vorzuführen, denn ich erwartete von ihm stets einen plötzlichen Ausbruch der Fröhlichkeit, des Witzes und des Ungestüms, die seine Bücher durchziehen. Er blieb jedoch teilnahmslos, höflich, aber teilnahmslos, gab auf Fragen, die man ihm stellte, Auskunft, aber auch nicht mehr. So wie er hinter dem Ofen an der Wand stand, hätte er ebensogut gar nicht anwesend sein können. Als ich bei ihm war, schob sich der bebrillte amerikanische Journalist mit beruflichem Gehabe heran, um mit ihm zu sprechen oder vielmehr, um ihn zu interviewen. Ich trat etwas beiseite, um ihm nicht in die Quere zu kommen, denn zweifellos war es für ihn, den vielgelesenen Pariser Korrespondenten, eine wichtige Gelegenheit, eine der berühmtesten Gestalten von Paris auf einem Atelierfest kennenzulernen. Er setzte zum Angriff an, aber Joyce blieb unverrückt in seiner schlaffen, apathischen Haltung vor ihm stehen und weigerte sich schlicht, in irgendeiner Weise auf ihn einzugehen, während der Journalist alles mögliche unternahm, um diese literarische Auster aufzuknacken, wobei er sich wohl fragen mochte, ob denn dies der nämliche James Joyce wäre, der den *Ulysses* geschrieben hatte, oder ob man ihm etwa einen falschen Mann angedreht hatte.

Endlich mußte er es aufgeben, ein geschlagener Mann, oder, was schlimmer ist: ein geschlagener Journalist. Mit einem Schulterzucken kehrte er zu Davidson zurück, und ich hörte ihn sagen:

»Es ist nichts in ihm übriggeblieben. Alles ist in sein Buch eingegangen.«

Dieser Vorfall belustigte mich ungemein, da ich mich erinnerte, wie ich unlängst an einem Nachmittag bei Joyce war und gerade gehen wollte, als er mich plötzlich bat zu bleiben. Er erwarte den Besuch von zwei Herausgeberinnen der *Little Review*, und ob ich ihm bei diesem Treffen beistehen würde. Ich muß gestehen, daß mich dieser Vorschlag einigermaßen überraschte, denn diese zwei Damen, die den Atlantik überquert hatten, um ihrem literarischen Idol zu begegnen, für das sie schon so viel unternommen hatten, waren wohl nicht daran interessiert, ihn über einen Mittelsmann zu treffen. Man möchte annehmen, Joyce hätte sie enthusiastisch empfangen – aber keineswegs! Als sie ankamen, blieb er hinter dem Tisch stehen, gab sich einsilbig und versuchte, das Gespräch mir aufzubürden. Daß ich so als Puffer zwischen ihnen und ihrer Begeisterung wirken sollte, verärgerte sie entschieden, und schließlich machte ich mich davon. Ich bin sicher, daß es öfter zu ähnlichen Situationen kam, denn Joyces Scheu, oder seine extreme Empfindlichkeit, hielt ihn davon ab, sich vor fremden Leuten natürlich zu benehmen.

Es war nun spät geworden und das Atelier fast ganz in

Dunkelheit getaucht, abgesehen vom Schein, der vom riesigen Fenster hereinfiel, und vom rötlichen Glühen des Ofens, als ich hörte, daß Joyce meinen Namen rief, etwa so, wie eine geplagte Seele im Fegefeuer ihrer Qual Ausdruck geben mag – er trat aus der Dunkelheit hervor und ertastete sich, halb blind, mit ausgestreckten Händen seinen Weg. Ich konnte gerade noch verhindern, daß er mit der Hand die glühend rote Röhre anfaßte. Sicherlich konnte er Gesellschaften nicht viel abgewinnen, und er war nur gekommen, weil ich der Gastgeber war. Nun da er seiner Freundespflicht nachgekommen war, drängte er darauf zu gehen. Als ich ihn auf den Absatz jener gefährlichen Treppe begleitete, die für ihn in Anbetracht seiner schlechten Augen doppelt gefährlich war, fragte ich mich – was nur natürlich war und wie es schon dem amerikanischen Journalisten ergangen sein mußte –: »Ist dies der nämliche Mann, der das Buch geschrieben hat, das die ganze Welt erschüttert hat, der Mann, der im *Ulysses* Bob Doran beschrieben hat, wie er in der Kneipe Paddy Dignams Tod beklagt: ›Der beste Mensch‹, heult er, ›der beste, der lauterste Charakter.‹?« Wahrlich, der äußere Anschein kann trügen, denn wer hätte in diesem schmächtigen, zart gebildeten Mann mit dem glatten Beamtengesicht, dem kleinen spitzen Bart und den mit dicken Brillengläsern bewaffneten schwachen Augen die revolutionärste Persönlichkeit in diesem Zeitalter künstlerischer Revolutionen vermutet? In der Tat fiel mir auf, daß er viel von einem Fenier an sich hatte – mit seiner dunklen Kleidung, dem breiten Hut, dem leichten Gang und dem intensiven Gesichtsausdruck –, ein literarischer Verschwörer, entschlossen, das bedrückende, althergebrachte Kulturgefüge zu zerstören, in dem wir aufgewachsen waren, und das nun zerbröckelte. Ich erinnere mich, wie er mir einmal sagte:

»Es gibt Leute, die sich weigern würden, mit mir im selben Zimmer zu sitzen.«
Bei seiner empfindlichen Veranlagung gab ihm vielleicht die Furcht vor einer plötzlichen Begegnung mit Leuten, die so explosiv reagieren würden, jene unruhige Schüchternheit ein.
Mrs. Joyce schien seine schwierige Lage weniger zu empfinden. Das einzige Mal, daß sie mir gegenüber darauf zu sprechen kam, war bei einer Begegnung in der Rue du Bac. Sie war aus irgendeinem Grund bei einem Priester gewesen – vielleicht war sie zur Beichte gegangen –, und sie erzählte mir, der Priester hätte zu ihr gesagt:
»Mrs. Joyce, können Sie Ihren Mann nicht davon abhalten, diese schrecklichen Bücher zu schreiben?«
Worauf sie erwiderte:
»Was kann ich denn tun?«
Und das war die einzig mögliche Antwort, denn welcher Rebell, der seinen Schuß Pulver wert ist, würde sich durch seine Frau oder einen Priester von seinem Kurs abbringen lassen?
Sie nahm alles gelassener als er und konnte sich stets mit dem Schlechtesten wie dem Besten gleichmütig abfinden, ob es sich nun um eine heruntergekommene Pension oder den Ehrentisch in einem Luxusrestaurant handelte. Wenn es um Leute ging, war sie empfindlicher, obwohl sie ihre wahren Gefühle zu verbergen wußte, aber im vertrauten Kreis äußerte sie dann manchmal eine Bemerkung, um zu zeigen, wie tief sie grollte. Täuschung und Unaufrichtigkeit in jeder Form waren ihr zuwider, und ebenso wie zu Joyces wichtigsten Waffen das Schweigen gehörte, hatte auch sie von ihm gelernt, den Wert des Schweigens zu würdigen, wenn es die Umstände nahelegten. Ich weiß, daß sie manchmal insgeheim gegen die Künstlichkeit des Pariser Lebens aufbegehrte, und einmal, auf einer Gesell-

schaft, als man sich sehr unsicher und lahm zum Tanzen anschickte, meinte sie zu mir:
»Wenn sowas in Galway passierte, wären wir schon längst draußen und würden uns auf der Straße amüsieren.«
Ihre natürliche Unmittelbarkeit ließ sie nie im Stich, außer nach Joyces Tod, als sie sie, wie mir schien, bewußt unterdrückte.
Seine Schwester Eva mißbilligte die Ehe und glaubte, ihr Bruder hätte sich in eine üble Lage hineinmanövriert, aus der er sich nicht mehr befreien könnte. Sie erzählte mir von einem Vorfall in Triest, als sie ein Zimmer in einer neu bezogenen Wohnung eingerichtet hatten. Als sich endlich alle zufrieden ausruhten, ergriff Mrs. Joyce einen Nachttopf und stellte ihn triumphierend auf das höchste Möbelstück im Zimmer. Eva führte dies als Beweis für die niedrige Herkunft ihrer Schwägerin an, während ich hierin lediglich einen Ulysses-Zug sehen konnte. Ich meinerseits habe an Mrs. Joyce nie etwas anderes erlebt als eine natürliche Vornehmheit. Nie wurden bei Joyce zu Hause schlüpfrige Geschichten erzählt; schon anzügliche waren verpönt, und wenn jemand damit anfing, wurde ihm die Gastfreundschaft bald gekündigt. Auch konnte man auf einen kühlen Empfang von Joyce wie von seiner Frau gefaßt sein, wenn man in ihre Wohnung ein Mädchen brachte, das man zufällig in einem Café kennengelernt hatte, wie ich selber oft zu tun versucht war. Die *belle amie*, gewiß! – sofern es stets dieselbe war –, aber niemals eine Zufallsbekanntschaft. Joyces Empfindlichkeit war so groß, daß ihn während der Arbeit an den *Rindern des Helios* das Essen anwiderte, weil seine Fantasie von halb ausgetragenen Fetussen, Tupfern und dem Geruch von Desinfektionsmitteln erfüllt war.

9. Kapitel

Eines Tages ging ich ganz aufgeregt zu Joyce. Ich war auf einen Band von Plutarchs *Biographien* gestoßen und hatte ihn gleich gelesen, wobei ich mich nicht genug wundern konnte, warum ich nicht schon früher auf ihn aufmerksam geworden war.

Der Band, der mir in die Hände geraten war, begann mit der Lebensbeschreibung Phokions, die ich überschlug; anschließend folgte diejenige Catos des Jüngeren, die ich nur auszugsweise las, da ich mich weder für Juristen noch Politiker sonderlich interessierte. Ich blätterte weiter und las von Antonius; er schließlich nahm meine Einbildungskraft gefangen, denn er schien mir die eindrucksvollste Gestalt des Altertums.

»Die Geschichte von Antonius und Cleopatra«, bemerkte ich, »ist eine der größten Liebesgeschichten, in der die Leidenschaft über Reichtum und Macht siegt; nicht zu vergessen ihre mutige Todesverachtung.«

»Ja«, pflichtete mir Joyce bei, »erst das Christentum hat uns Furcht vor dem Tod eingeflößt. Heutzutage leben die Menschen in Zerrissenheit: ihre Lebenslust wird von ihrer Todesfurcht beeinträchtigt. Wir wissen uns nicht mehr zu orientieren, und infolgedessen erstickt unser öffentliches und privates Leben in Heuchelei. Die Heiden begegneten dem Tod ebenso tapfer wie dem Leben: ›Ein Leben, ein Tod‹, war ihr Wahlspruch. Aber ich verstehe nicht, warum Sie Antonius zu Ihrem Helden erkoren haben. Es gab doch bestimmt bedeutendere Römer als gerade ihn.«

»Antonius entspricht meiner Vorstellung eines wirklichen Mannes«, sagte ich ihm. »Ich glaube, er konnte ohne weiteres einem üppigen, ausschweifenden Leben, wie es nur Römer zu führen wußten, den Rücken kehren und sich äußerster Mühsal aussetzen, Tiere und Dinge essen, die als ungenießbar galten, wie er das etwa auf seinem Rückzug über die Alpen tat. Ja, mit dem zunehmenden Unglück wuchs seine menschliche Größe, und in seinem Leben blieb ihm keine Mühsal und kein Luxus erspart. In Plutarch fand er einen Schriftsteller, der seiner würdig war. Ich bewundere Plutarchs Darstellung; sie ist prägnant, geistvoll und klar. Ich habe seither versucht, Shakespeares *Antonius und Cleopatra* zu lesen, aber ich ertrank in diesem Wörtermeer. Plutarchs Bericht enthält eine dramatische Spannung, die ich bei Shakespeare vermisse, denn Wörter können so manches überspülen. Das Leben ist rein, kärglich und hart – zuweilen wenigstens; und ich verstehe jene Tatmenschen, die, wie ich es oft erlebt habe, Bücher als etwas Zweitrangiges, etwas, womit sie nichts zu tun haben wollen, beiseite werfen. Wie ich auch verstehe, daß sie auf Intellektuelle, Literaten und andere Lebens-Schmecker verachtungsvoll herabschauen.«

»Sie urteilen emotionell«, sagte Joyce, »und sind dem exotischen Reiz ihrer Lebensumstände erlegen, der Ihrem romantischen Naturell entgegenkommt. Sie reden wie ein Spießer.«

»Vielleicht«, sagte ich, »aber auch ein guter Schriftsteller muß etwas von einem Spießer in sich haben.«

»Ja, das stimmt bis zu einem gewissen Grad«, gab er zu, »denn ein Schriftsteller sollte nicht für die Bohémiens schreiben. Sein Schaffen muß auf einer soliden Tatsachenbasis ruhen. Sie sagten, der Tatmensch zeige für Künstler und Schriftsteller nur Verachtung. Das ist jedoch eine sehr oberflächliche Ansicht, denn gäbe es keine Schriftsteller, würden seine Taten der Vergessenheit und dem Staub anheimfallen, den er aufgewirbelt hat. Nur dank eines Künstlers wie Plutarch vermag er zu überleben: Menschen der Tat und Menschen der Imagination sind aufeinander angewiesen.

Niemand wußte das besser als die alten Römer, deren Kaiser, Feldherren und Politiker mit Literaten befreundet waren. Wenn immer sie eine Stadt eroberten, waren sie darauf bedacht, Hand in Hand mit dem führenden Philosophen oder Intellektuellen der betreffenden Stadt darin Einzug zu halten, um ihre wohlwollenden Absichten gegenüber der Bevölkerung zu bekunden. Heutzutage sind wir weniger gesittet. Aber ich weiß immer noch nicht so recht, worauf Sie hinauswollen«, sagte Joyce.

»Ich wollte eigentlich sagen, daß ich den klassischen Stil immer noch für die beste Schreibform halte.«

»Vielleicht, aber meiner Ansicht nach ist er eine Schreibform, die wenig oder gar kein Geheimnis enthält«, erläuterte Joyce, »und da wir rings von Geheimnis umgeben sind, schien er mir stets unangemessen. Mit Fakten kommt er ganz gut zurecht, aber wenn es um die Beweggründe, die verborgenen Ströme des Lebens geht, die alles lenken, fehlt ihm das Instrumentarium, denn das Leben ist eine komplizierte Angelegenheit. Zweifellos ist es schmeichelhaft und angenehm, wenn einem das Leben auf eine unkomplizierte Art vorgeführt wird, wie das die Klassizisten beabsichtigen. Aber diese Auffassung kann den modernen Geist nicht mehr befriedigen, der sich hauptsächlich für die Feinheiten, Zweideutigkeiten und unterschwelligen Verwicklungen interessiert, die den Durchschnittsmenschen beherrschen und sein Leben ausmachen. Ich würde sagen, der Unterschied zwischen klassischer und moderner Literatur ist der zwischen dem Objektiven und Subjektiven: die klassische Literatur zeigt die Lichtseite der menschlichen Persönlichkeit, während sich die moderne Literatur mit dem Halbdunkel, eher mit dem passiven als mit dem aktiven Geist beschäftigt. Wir fühlen, daß die Klassizisten die physische Welt vollständig erschlossen haben, und deshalb sind wir darauf aus, die bisher verborgene Welt zu erkunden, jene verborgenen Ströme, die unterhalb der scheinbar festen Oberfläche zirkulieren. Aber da unsere Erziehung nun einmal auf klassischen Werten beruhte, haben die meisten von uns eine fixe Vorstellung dessen, was Literatur sein soll, und nicht nur Literatur, sondern auch was Leben sein soll. Deshalb werden wir Modernen der Entstellung bezichtigt, aber unsere Literatur ist nicht entstellter als die klassische. Alle Kunst ist insofern entstellt, als sie bestimmte Aspekte übertreiben muß, um ihre Wirkung zu erbringen, und mit der Zeit werden die Leute diese angeblich moderne Entstellung akzeptieren und als Ausdruck der Wahrheit anerkennen. Wir streben eine neue Fusion zwischen der äußeren Welt und unserem zeitgenössischen Bewußtsein an und wollen den Wortschatz des Unterbewußten erweitern, wie das Proust getan hat. Wir glauben, daß wir im Abnormen näher an die Wirklichkeit herankommen. Wenn wir ein normales Leben führen, ist es allemal konventionell, einem Muster nachgebildet, das von anderen Menschen einer früheren Generation entworfen wurde, einem objektiven Muster, das uns von Kirche und Staat aufgezwungen wurde. Aber ein Schriftsteller sollte einen ständigen Kampf gegen das Objektive ausfechten: das ist seine Aufgabe. Die unabänderlichen Eigenschaften sind die Imagination und der Sexualtrieb, und das geregelte Leben sucht beide zu unterdrücken. Aus diesem Konflikt entstehen die Phänomene des modernen Lebens.

In der Mabbot Street-Episode bin ich meiner Meinung nach näher an die Wirklichkeit herangekommen als sonstwo im Buch, abgesehen vielleicht von wenigen Stellen im letzten Kapitel. Sinnesempfindung, die sich sogar zur Halluzination steigern kann, ist unsere Domäne. Sie haben Plutarchs Lebensbeschreibung des Antonius prägnant, geistvoll und klar genannt. Nach

meiner Meinung ist sie mehr prägnant als klar oder geistvoll; etwas wirklich Geistvolles ist nämlich das Gegenteil von prägnant und klar.
Was nun die Umgebung oder, um mich literarisch auszudrücken, den ›Hintergrund‹ der Klassizisten und Romantiker betrifft, so mutet er die meisten Menschen unwirklich an. Er steht in keiner Beziehung zum Leben, das die meisten von uns führen, und zur Umwelt, die sie umgibt:

Ordure amons, ordure nous assuit;
Nous deffuyons onneur, il nous deffuit,
En ce bordeau ou tenons nostre estat.

wie Villon das ausdrückt. Wenn wir das Halbdunkel der menschlichen Persönlichkeit malen wollen, müssen wir auch die Landschaft trüben. Idealismus ist eine nette Spielerei, aber in unserer Zeit überwältigender Realität läßt er uns kalt und belustigt uns nicht einmal. Er erinnert uns an einen bunt bemalten Zwischenvorhang im Theater. Die meisten Leben bestehen wie die Themen der modernen Maler aus Krügen, Töpfen und Tellern, Seitenstraßen und verwahrlosten Räumen, die von verwahrlosten Frauen bewohnt werden, und tausend alltäglichen schäbigen Ereignissen, die in unser Bewußtsein sickern, wie sehr wir uns auch dagegen wehren mögen. Daraus besteht das Inventar unseres Lebens, das Sie wegen eines romantischen, fadenscheinigen Zwischenvorhangs zurückweisen wollen.«
»Ich gebe zu, daß ich meine Illusion vorziehe«, sagte ich.
»Zu Unrecht«, sagte Joyce, »denn die Wirklichkeit der Dinge, wie sie nun einmal sind, ist viel aufregender. Eliot hat die Begabung, beides zu würdigen und auszudrücken; indem er eines dem anderen gegenüberstellt, hat er verblüffende Wirkungen erzielt. Es stimmt zwar, daß man die Vergangenheit nicht gänzlich

abwerfen kann und daß man beide Welten berücksichtigen muß, aber die verborgene oder unterbewußte Welt ist am aufregendsten, und der moderne Schriftsteller interessiert sich weit mehr für das Mögliche als für das Wirkliche – mehr für die unerforschte und sogar halluzinative als für die ausgetretene romantische oder klassische Welt.

Wir unterhielten uns über André Gides *Voyage au Congo*, die Schilderung seiner Erlebnisse auf der Werbeexpedition von Citroën in Afrika. Joyce bewunderte Gide überaus; er war der einzige französische Schriftsteller oder überhaupt der einzige moderne Schriftsteller, den ich ihn jemals mit einiger echter Begeisterung preisen hörte.

Ich selber hatte mir viel von Gides Buch versprochen, denn ich fand die Kombination von Gide und dem dunklen Afrika ausgezeichnet, war aber dann sehr enttäuscht, trotz der großen Beachtung, die das Buch fand. *Voyage au Congo – Carnets de route* lautet der volle Titel, ich hätte daher vielleicht nicht so viel erwarten dürfen. Gleichwohl: wenn man bedenkt, was Pierre Loti daraus gemacht hätte! In einem gewissen Sinn nahmen ja die *Fleurs d'Ennui* von Aufzeichnungen ähnlicher Art ihren Ausgang, aber wieviel Zauber und Kunst steckt in den Dingen, die ihn inspirieren. Gides *Carnets* geht Kunst völlig ab. Sie sind Journalismus, und überdies einer ziemlich ungehobelten Sorte; Notizen, die, wie man vermuten muß, von Tag zu Tag entstanden und dann einfach in Buchform gebracht wurden; eine unbefriedigende und faule Art der Formgebung.

Abgesehen von den Aufschlüssen, die Gide über die gesellschaftlichen Zustände in Afrika gab und die schließlich die französische Regierung angingen, verstand ich nicht, welchen literarischen Wert Joyce diesem Buch, oder Gides Werken insgesamt, abgewinnen konnte.

Ich besitze noch ein anderes Buch von Gide, nämlich das erste Exemplar der Erstausgabe der *Symphonie pastorale*, das mir Joyce zu Weihnachten schenkte.

»Lesen Sie das«, sagte er zu mir, »und nehmen Sie es sich zum Vorbild.«
Aber ich kann es nicht lesen: oder, um genau zu sein, ich habe mich durch diese mühselige, überzüchtete, bläßliche Geschichte durchgebissen. Sie ist wohl feinsinnig und sogar poetisch in der Anlage, aber in der Ausführung so unstet und verschwommen, daß man das Gefühl hat, man schleppe totes Gewicht mit sich herum; sie erschöpft einem die Lebenskraft, und man wird von der nämlichen bläßlichen literarischen Persönlichkeit verärgert, die *Voyage au Congo* schrieb. So verwahrte ich mich bei Joyce gegen ihn als einen Schriftsteller, der zwar einen großen Namen hatte, aber keinen Wert.
Joyce seufzte.
Dann sagte er nach einer Weile:
»Wahrscheinlich gibt es Leute, die dasselbe von mir denken.«
»Oh nein«, erwiderte ich. »Sie haben Salz, viel Salz, während Gide den Bodensatz der neunziger Jahre mit ihrem verblichenen Klassizismus und ihrer Salonpsychologie loskratzen mußte, um eine Seite zu füllen.«
»Er hat einen schönen Stil«, wandte Joyce ein. »Was halten Sie denn von *La Porte étroite?«*
»Das ist sein bestes Buch«, gab ich zu. »Sein einziges Buch.«
»Es ist ein kleines Meisterwerk«, sagte er, »so fein gearbeitet wie eine Turmspitze von Notre Dame.«
»Ich gebe zu, daß es Qualitäten hat«, sagte ich, »einige Qualitäten, aber im übrigen bleibt er für mich ein literarischer *vieux marcheur*, eine weniger bedeutende Gestalt als Anatole France, aber ebenso trügerisch.«
Joyce seufzte wieder, seine übliche Bekundung des Überdrusses angesichts meines Widerspruchs. Unsere Standpunkte waren zu verschieden; statt das Gespräch fortzusetzen, richtete er denn an mich die Frage:

»Wen bewundern Sie eigentlich in der modernen französischen Literatur?«
Das war für mich eine schwierige Frage, denn ich las nicht viel zeitgenössische Literatur. Ich wußte nur einen Namen anzugeben, einen Autor, den ich so sehr schätzte, daß ich mich darum bemüht hatte, einige Erstausgaben seiner Werke zu sammeln, in der Hoffnung, sie würden eines Tages wertvoll sein.
»Max Jacob«, sagte ich.
»Wen?« fragte Joyce.
»Max Jacob«, wiederholte ich. »Ich las eben neulich ein Buch von ihm, *Cinématoma*, lebendige und geistreiche Skizzen aus dem französischen Leben.«
Aber sein Gesichtsausdruck verriet, daß er nicht viel von Max Jacob hielt.
»Wie kamen Sie dazu, ihn zu bewundern?« fragte er.
»Jemand hat mir von ihm erzählt, und ich fand sein Buch originell und persönlich: eigenartige und interessante literarische Miniaturen, sehr lebendig und originell.«
»Er ist nicht sehr bedeutsam«, entgegnete Joyce und wischte Max Jacob beiseite. »Aber wie steht's mit Proust?« fragte er. Das ist doch gewiß jemand. Er ist der wichtigste französische Schriftsteller der Gegenwart.«
Ich hatte bloß die beiden ersten Bände von *A l'ombre des jeunes filles en fleurs* in der Übersetzung von Scott-Moncrieff gelesen. Ich hatte versucht, *Du côté de chez Swann* im Original zu lesen, aber es zu schwierig gefunden und mich im Dickicht seiner Sätze verirrt.
»Seine Bücher erscheinen mir reichlich überzüchtet«, sagte ich, »und dann diese langen Sätze ..... Sein Feinsinn ging mir allmählich auf die Nerven.«
»Sie hätten ihm etwas mehr Geduld entgegenbringen müssen«, sagte Joyce, »denn er überragt alle zeitgenössischen französischen Schriftsteller. Keiner hat wie er

die moderne Psychologie so weit vorangetrieben oder auf diese Höhe geführt. Ich denke allerdings, er hätte in seinem früheren Stil weiterfahren sollen. Ich erinnere mich, einige frühe Skizzen aus seinem Buch *Les plaisirs et les jours* gelesen zu haben, Studien über die Pariser Gesellschaft der neunziger Jahre, und darunter befand sich eine ›Mélancolique Villégiature de Mme de Breyves‹, die mich stark beeindruckte. Wenn er in diesem frühen Stil fortgefahren wäre, hätte er meiner Meinung nach die besten Romane unserer Generation geschrieben. Statt dessen hat er sich auf *A la recherche du temps perdu* eingelassen, die an Übervervollkommnung krankt.«

»Ja«, stimmte ich zu. »Ich schätze ihn und schätze ihn nicht – er ist mir gegenwärtig und doch nicht zu greifen, denn er sieht alles durch einen Schleier, und seine Figuren gehen in einem Wörtermeer unter. Außerdem stört mich sein Snobismus.«

»Zugegeben, er ist ein eigentümlicher Schriftsteller, aber obwohl er über dekadente Adlige schreibt, stelle ich ihn neben Balzac und Thackeray.«

»Es tut mir leid, aber all diese wohlgenährten Müßiggänger stören mich«, sagte ich, »Leute, die sich dem Leben entfremdet haben und denen die Liebe mehr als eine Krankheit denn eine Leidenschaft erscheint. Obwohl Sie einwenden, er hätte ein möglichst vollständiges Bild vermitteln wollen, meine ich, daß es ihm an der nötigen Zurückhaltung, die jedem Künstler eignen sollte, gebricht, daß er als verzärtelter und überempfindlicher Mensch in seiner Liebhaberei schwelgte und nie davon abzulassen vermochte. Was hat er schließlich mit seinen Stilexperimenten erreicht?«

»Es war kein Experimentieren«, sagte Joyce. »Seine Neuerungen waren notwendig, um das moderne Leben auszudrücken, wie er es sah. Da sich das Leben ändert, muß sich auch der Stil, es auszudrücken, ändern. Denken Sie an das Theater: niemandem käme es in den Sinn, ein modernes Stück im selben Stil abzufassen, den die Griechen verwendeten, oder im Stil der Moralitäten des Mittelalters. Ein lebendiger Stil sollte wie ein Fluß sein, der die Farbe und Beschaffenheit der jeweiligen Gegenden annimmt, durch die er fließt. Der sogenannte klassische Stil hat einen bestimmten Rhythmus und eine bestimmte Tonart, die ihn für meinen Begriff zu einem fast mechanischen Verfahren machen. Prousts Stil vermittelt jene beinahe unmerkliche, aber schonungslose Erosion der Zeit, die, wie gesagt, den Beweggrund seines Schaffens bildet.«

»Er war wohl ein merkwürdiger Mensch, ebenso exzentrisch wie sein Stil«, sagte ich, »in jeder Jahreszeit trug er einen schweren Mantel und eine dunkle Brille und wickelte sich bis zum Kinn ein.«

»Ja«, sagte Joyce, »ich begegnete ihm einmal bei einem literarischen Diner, und als wir einander vorgestellt wurden, war alles, was er zu mir sagte: ›Essen Sie gern Trüffel?‹ ›Ja‹, erwiderte ich, ›ich esse sie sehr gern.‹ Und darauf beschränkte sich das Gespräch, das die zwei berühmtesten Schriftsteller ihrer Zeit miteinander führten«, bemerkte Joyce, den dieser Vorfall offenbar höchstlich belustigte.

»Wie steht es mit Barrès, mit Anatole France?« fragte ich, aber Joyce tat sie mit einer Handbewegung ab, ohne auch nur eine Bemerkung über ihre Werke zu machen. »Wie ich gehört habe, kann man Proust noch am ehesten mit Saint-Simon vergleichen.«

»Mir leuchtet ihre Ähnlichkeit nicht ein«, sagte Joyce, außer insofern, daß beide ›blaues Blut‹ bewunderten – und bei Proust könnte man sogar von Vergötterung sprechen. Aber im Fall von Saint-Simon war die Bewunderung ausschließlich politisch begründet. Er war der Ansicht, daß die ›Vornehmen‹ oder hohen Adligen im Frankreich seiner Tage regieren sollten,

und er hat zu diesem Zweck ständig intrigiert. Im übrigen war er eine völlig andere Persönlichkeit. Wenn es je einen Realisten gab, dann Saint-Simon; sein Bericht über politische und anderweitige Intrigen am Hofe von Louis XIV. ist in einem harten, trockenen, scharfen Stil abgefaßt, ohne jegliche Einbildungskraft oder Psychologie, aber seiner Zeit war Psychologie wohl noch fremd, denn damals sah man alles mit einem klaren Auge. Dennoch konnte er meisterhafte Beschreibungen liefern, wie etwa diejenige des Todes von Louis XIV. Ich weiß noch, daß ich mich während der Lektüre dieser Memoiren recht elend fühlte. Diese besondere Atmosphäre am Hof mit all seinen unsympathischen, verwöhnten Gestalten, mit denen ich belangt wurde, jene habgierigen Weiber und überheblichen, falschen Männer: der Duc d'Orléan, Saint-Simons Gönner, und dessen schreckliche Duchesse, und dann jener fette gefräßige »Monsieur«, der Bruder von Louis XIV. Ich erinnere mich an eine Beschreibung von ihm, wie er zum königlichen Diner erscheint und so apoplektisch aussieht, daß der König droht, ihn ins nächste Zimmer zu schaffen und dort gewaltsam zur Ader zu lassen. Und noch am selben Abend, wie er nach Hause kommt, hat er einen Schlaganfall, und es wird beschrieben, wie er sterbend am Boden liegt und ihm nur ein einziger unwilliger Diener beisteht .....
Ich fand das alles reichlich makaber.«
»Niemand hatte weniger von einem Künstler als Saint-Simon«, sagte ich. »Denken Sie an den Hof und seine schönen Frauen mit gepudertem Haar und Juwelen, ihren Festlichkeiten und Galanterien. Saint-Simon hatte für all das offenbar keinen Sinn oder betrachtete es als selbstverständlich, und sein unentwegter politischer Haß auf die unehelichen Kinder des Königs scheint ihn für alles andere blind gemacht zu haben. Tatsächlich findet man im ganzen Werk fast für nie-

manden ein gutes Wort außer für den jugendlichen Prince de Bourbon, der früh bei einem Jagdunfall ums Leben kam, als sein Pferd strauchelte und der Sattelknopf ihm den Bauch aufriß. Es ist eine der wenigen echten Bekundungen von Mitleid.«

»Ja, und ich erinnere mich an einen gewissen Doktor Faquet«, sagte Joyce, »den Hofarzt, der lange Konsultationen darüber abzuhalten pflegte, ob er seine Patienten am Fuß oder Ellbogen schröpfen sollte, eine Art *deus ex machina*, der ein Mitglied der königlichen Familie ums andere beseitigte, obwohl er zuweilen einzelne Leben verlängern mochte, da die meisten an Freßsucht litten. Aber ich kann keine Verbindung zwischen Proust und Saint-Simon entdecken, nein – nicht einmal in der Frage der Blaublütigkeit, denn bei Proust hatte sie eben eine fast mystische Bedeutung. Erinnern Sie sich, wie er seine erste Begegnung mit einer Herzogin beschreibt – ein irischer Prälat hätte aus einer Begegnung mit dem Papst nicht mehr Wesens machen können –: eine verwitterte alte Dame, soweit ich mich entsinne, die mit ihren Tritten aber den Boden heiligte.«

»Diesen Kult kann ich nicht nachempfinden«, warf ich ein. »Wie Bacon bemerkte: ›Altes Gold ist alte Familie.‹ Das alles scheint mir so sehr materiell begründet, während man angesichts des Genies fühlt, daß es eine Gabe der Götter ist.«

»Da bin ich nicht so ganz mit Ihnen einig«, sagte er. »Eine gewisse Qualität muß in ›blauem Blut‹ liegen, sonst könnte es nicht Generation auf Generation seine Stellung behaupten: eine gewisse Stärke und Weisheit. Und wie oft können wir feststellen, daß irgendein Adliger einen bildenden Künstler oder einen Musiker patronisierte, auch wenn die übrige Welt keine Notiz von ihnen nahm. Einige Leute sind sogar der Meinung, der Niedergang des Mäzenats habe einen Niedergang in der Kunst bewirkt.«

»Sie haben nur Kunst einer bestimmten Art gefördert, Kunst, die ihnen oder ihrem Empfinden schmeichelte: etwa Boucher, Watteau oder Fragonard, auch Velasquez mit seinen höfischen Porträts.«

»Das stimmt nicht ganz«, wandte er ein. »Louis XIV. förderte Racine, dessen Kunst zugegebenermaßen aristokratisch ist, aber er nahm sich auch Molières an. Und der königliche Hof Spaniens begünstigte Goya, bis dieser sich selber in Ungnade brachte, indem er mit den französischen Eindringlingen paktierte und ihnen meines Wissens sogar half, jene Bilder aus dem Prado auszuwählen, die nach Frankreich überführt werden sollten. Die Gönner haben eine wichtige Rolle in der Kunst gespielt. Ja, in vielen Fällen konnten Kunstwerke nur dank ihrer Hilfe geschaffen werden.«

Gewiß: was war die ewige Tragödie des *Quartier*, wenn nicht Geldnot? Immer wieder hört man von den schrecklichen Lebensbedingungen der Künstler. Man denke etwa an Modigliani, der am 25. Januar 1920 starb. Er lebte in ständiger Armut, einer Armut, die ihn schließlich, kann man sagen, tötete. Ich erinnere mich an jenen Abend im Café, als uns die Nachricht erreichte, er sei im Spital gestorben, und wir wenig später vernahmen, seine arme Frau hätte sich vom Dach ihres Elternhauses gestürzt. Als ich dann etwas einfältig fragte, warum sie es getan habe, zuckten alle die Achseln und antworteten: *Elle était dans la misère.* Denn jedem schien dies die völlig ausreichende Erklärung zu sein: *la misère*, ein Wort, für das es im Englischen keine genaue Entsprechung zu geben scheint.

Ich war Modigliani von meinem Freund Sola vorgestellt worden. Er stand am *comptoir* des Dôme und trank ein Glas Rum, als ich, um irgend etwas zu sagen, ihn fragte, warum die Künstler von Montmartre nach Montparnasse gezogen seien, das doch verglichen mit jenem ein häßliches Bourgeois-Quartier wäre.

»In Montmartre sind Ateliers heutzutage schwer zu kriegen«, sagte er mir, »denn gewöhnliche Leute, die überhaupt nicht Künstler sind, haben sie als billige und angenehme Unterkünfte für sich entdeckt. Außerdem braucht eine neue Kunst vielleicht auch eine neue Umgebung. Die Kunst von Montmartre ist *vieux jeu.* Zudem gibt es gleich um die Ecke die zwei großen Akademien, wo man für ein paar Francs ein Modell zeichnen kann ... *Enfin,* der Umzug hat nun einmal stattgefunden, und es ist jedenfalls einfacher, ein modernes Bild in Montparnasse zu verkaufen als in Montmartre.«
Modigliani, ein ausnehmend hübscher Bursche mit einem kräftigen breiten Brustkasten, sah bereits gezeichnet aus; Armut, Alkohol und Drogen hatten ihre Spuren hinterlassen. Doch trotz seiner verkommenen Erscheinung bewahrte er eine Würde und eigentümliche Vornehmheit des Auftretens, und während ich mit ihm sprach, dachte ich an einige jener schönen Zeichnungen, die ich in den Schaufenstern verschiedener *marchands de tableaux* bewundert hatte: eine Verschmelzung von italienischer Frührenaissance und Negerskulptur, jene Mädchenfiguren mit den schlanken Hälsen, blicklosen Augen und zart gebildeten Mündern. Unter all den vielen hat sich meinem Gedächtnis eine besonders eingeprägt, nämlich ein Bildnis Madame Hastings', das 1915 entstand, am Anfang jener Liebesaffäre, die im *Quartier* zu einer Legende werden sollte. Man sieht nur den, mit Bleistift und Kreide gezeichneten Kopf: das in der Mitte gescheitelte Haar, die ausdruckslosen, mandelförmigen Augen, den kleinen, vollippigen Mund, den langgezogenen schlanken Hals, mit beidseitig hinter den Ohren hinunterhängenden schwarzen Haarsträhnen – das Bild einer jungen liebenden Frau. Es ist eine Zeichnung, die vielleicht ursprünglich als Entwurf für eine

Plastik gedacht war, eine von den vielen, die er damals von ihr machte, und die seine vielen, von Liebe zu Haß wechselnden Gefühle festhalten, so daß man also beinahe ausmachen kann, wie er sich täglich, oder sogar stündlich zu ihr verhielt.

Durch Zufall lernte ich sie eines Nachmittags, einige Zeit nach Modiglianis Tod, auf der Terrasse des Café Rotonde kennen: eine kleine mollige Brünette, *bien roulée,* wie die Franzosen sagen, die mit ruhiger, von Ernüchterung gedämpfter Stimme sprach. Nachdem ich ihr erzählt hatte, wie sehr ich mich für Modigliani interessierte, erfreute sie mich mit einer Einladung zum Tee am folgenden Samstag in ihrer Wohnung nahe beim Lion de Belfort. Sie versprach, mir das Tagebuch zu leihen, das sie damals geführt hatte.

Als sie den Tee einschenkte und mir die Tassen reichte, beklagte sie sich über das Scheitern ihrer literarischen Ambitionen. In der ersten Zeit ihres Pariser Aufenthaltes pflegte sie eine wöchentliche Spalte für ein beliebtes englisches Magazin zu schreiben, eine Episode etwa, in der eine fiktive junge Dame unweigerlich ihre Kleider verlor, mit dem im Verlauf des Abends daraus sich ergebenden Abenteuer, diese wiederzufinden. Ich fragte sie natürlich, was sie von Modiglianis Kunst halte, und zu meiner Verblüffung sagte sie mir, daß sie keine große Meinung von ihr hätte.

»Paris«, sagte sie, »hat nun mal solche Marotten, aber sie sind kurzlebig. Er wird bald vergessen sein wie die übrigen. Er hat im *Quartier* wegen seines Lebenswandels Furore gemacht, aber sein Werk ist zu sentimental, um Bestand zu haben. Wenn wir etwas nicht ausstehen können heutzutage, dann seine kränklich aussehenden Frauen.«

Ich war zu verblüfft und enttäuscht, um ihr eine angemessene Antwort zu geben. Tatsächlich schien sie die ganze Angelegenheit ihres Verhältnisses mit Modigliani als eine unwichtige Episode zu behandeln, sie, die doch einmal im Mittelpunkt des künstlerischen Lebens von Paris gestanden und mit so bemerkenswerten Leuten wie Picasso und Utrillo verkehrt hatte. Es sei ein Verhältnis gewesen, gab sie mir zu verstehen, in dem sie ihre Liebe und Energie vergeudet habe und das ihr offenbar nur Enttäuschung gebracht habe. Das Gespräch wandte sich der Literatur zu, als sie aus irgendeinem Grund, vielleicht weil Modigliani ihn ständig zitiert hatte, Dante erwähnte und bitter bemerkte: »Wie konnte ein Dante, der doch wußte, was es mit dem Leben auf sich hatte, dieses Zeug über Beatrice und das Paradiso schreiben?« Offensichtlich hielt sie das alles für einen bitteren Scherz.

Dennoch trug ich ihr Tagebuch mit einiger Erregung in meine damalige Wohnung, ein Atelier, das auf den Parc Montsouris hinausging. Als ich mich in der Dämmerung ans Fenster setzte und die Blätter ihres Manuskriptes aufschlug, war ich auf eine Offenbarung gefaßt. Ich erwartete einen Bericht über ihr ekstatisches, wenn auch gespanntes Verhältnis, über Modiglianis Taten und Aussprüche, seine Äußerungen über Kunst, aber auch jene plötzlichen, rätselhaften Stimmungen, die wie ein Sturm über ihn herzogen und alles verändert erscheinen ließen. Aber die Lektüre enttäuschte mich, denn Madame Hastings schien sich hauptsächlich für Max Jacobs sexuelle Anormalität zu interessieren und erwähnte Modigliani kaum, außer bei einer kurzen Beschreibung ihrer ersten Begegnung: »Eine komplexe Persönlichkeit: die Kreuzung zwischen einem Schwein und einer Perle: Haschisch und Brandy: er sah häßlich, wild und gierig aus. Im Café Rotonde wiedergetroffen, er war rasiert und bezaubernd ...« Das alles war zweifellos sehr feminin und literarisch, aber der Atem der Leidenschaft ging nicht durch diese Blätter. Auch als Tagebuch wäre es besser

gewesen, wenn es in einer schlichten, sachlichen Sprache abgefaßt worden wäre, statt in diesem eher künstlichen literarischen Stil. Dann hätte es vielleicht zu einer unschätzbaren Aufzeichnung von Modiglianis Leben während seiner schöpferischsten und leidenschaftlichsten Periode werden können, als sie mit ihm und Max Jacob im *Bateau-Lavoir* gelebt hatte, in der berühmten »Schwimmenden Wäscherei«, an der Rue Ravignan in der Nähe der Butte de Montmartre. Dieses einzigartige Erlebnis hatte sie wenig oder überhaupt nicht beeindruckt. Entweder entging ihr dessen Bedeutung, oder – was eher zutreffen dürfte – sie hatte weder die Einfühlungsgabe noch die Fähigkeit, es zu beschreiben. Nun schien sie sich nurmehr an den schwierigen Charakter ihres Liebhabers zu erinnern, seine Gewalttätigkeit und Trunkenheit, die seine besseren Eigenschaften untergraben hatten. Ihre ganze Ausdrucksweise verriet, daß sie ihn einfach als irgendeinen ausländischen *voyou* betrachtete, mit dem sie, eine englische Dame, sich eingelassen hatte.
Kurz nach Modiglianis Tod hatte ich sein Atelier besucht. Es war ein einziger kleiner enger Raum im obersten Stock eines Hauses, in unmittelbarer Nachbarschaft meines Ateliers, an der Rue de la Grande Chaumière; Boden und Wände waren kahl, und ein einziges Fenster führte auf einen kleinen Balkon hinaus. Der Künstler, der es übernommen hatte, war ein Algerier und selber sehr arm, so daß es praktisch keine Möbel aufwies, nicht einmal ein Bett. Lediglich eine Matratze lag auf dem Boden, um die herum er, wie er mir erzählte, jeweils etwas Wasser goß, um das Ungeziefer fernzuhalten. An der Wand hing die Totenmaske von Modigliani, die ein paar Freunde im Spital abgezogen hatten, hohlwangig, mit eingezogenen Lippen, ein völlig anderes Gesicht als das des hübschen, kräftig aussehenden jungen Mannes, der er gewesen

war. Ich fragte, wem die Maske gehöre. Aber der Algerier zuckte die Achseln.
»Ich fand sie, als ich hier einzog, bei all dem übrigen Zeug. Sie gehört niemandem. Sie ist einfach da.«
Während ich es näher betrachtete, dieses Bild der Abzehrung, kam mir aber der Gedanke, wie glücklich sich der Mensch, ein Mann wie Joyce schätzen konnte, der einen Gönner hatte und dem daher dieses Golgatha erspart blieb. Denn wenn Joyce im Lauf der Jahre sich entschlossen hätte, alles der Schriftstellerei aufzuopfern, hätte es auch ihm widerfahren können. Obwohl Modigliani einigen künstlerischen Erfolg gehabt hatte, reichte die Anerkennung nie so weit, ihn finanziell abzusichern. *Moi – moi – j'ai brulé la vie,* wie er mir gegenüber einmal erklärt hatte ... und was anderes hätte der arme Kerl in seiner mühseligen Lage tun können. Der schöpferische Dämon war in ihn gefahren, und wenn dies geschieht, denken nur mehr wenige Männer an ihre persönliche Sicherheit.

11. Kapitel

Ich hatte mir unser Gespräch über Proust durch den Kopf gehen lassen, und es wollte mir scheinen, daß eine japanische Schriftstellerin, die Hofdame Murasaki, deren Werk Joyce nicht kannte, am meisten Ähnlichkeit mit jenem hätte. Ich war kürzlich auf die Übersetzung von Arthur Waley gestoßen und hielt nun *Die Geschichte vom Prinzen Genji* für das weiblichste Buch, das ich je gelesen hatte, eine mäandernde Satire von ungebrochener Monotonie, die nie zu einem Crescendo anhebt, aber zugleich, wie Proust, eine ungreifbare Essenz herausdestilliert.

Die Hofdame Murasaki war wie Proust ein ausgemachter Snob. Rang und Stellung am Hof galten ihr alles, und wer oder was nicht dazugehörte, galt ihr als roh und unzivilisiert, während sie das Land vollends als barbarischen Ort betrachtete, wo Jugend und Schönheit nutzlos vergingen. Leistung konnte sie nichts abgewinnen, denn als die Statthalter aus den verschiedenen Provinzen an den Hof kommen, vermerkt sie lediglich ihre Ungeschliffenheit und Ignoranz; und obwohl Prinz Genji selber erster Staatsminister ist, geht sie kaum darauf ein. Denn sie interessieren seine stattliche Erscheinung und männliche Ausstrahlung, und, vielleicht am meisten, sein königliches Blut: er ist nämlich der uneheliche Sohn des Kaisers.

Ihr Buch ist eine Sache des Stils, und die Bilder, die sie uns vom japanischen Kaiserhof vor tausend Jahren vermittelt, unterscheiden sich im Ton gar nicht so sehr von jenem Ausschnitt der Pariser Gesellschaft, den Proust beschreibt. Ich hatte mich gefragt, ob ich das Buch Joyce schicken sollte, und ich sprach ziemlich lange mit ihm darüber, aber meine Beschreibung war so verworren, daß er offensichtlich kein Bedürfnis hatte, es

zu lesen. Als ich andeutete, ich könnte es ihm leihen, ging er beinahe darüber hinweg.
»Wenn Sie wollen«, erwiderte er lakonisch.
So verging mir die Lust, es ihm mitzubringen. Das Vergnügen hängt an einer so empfindlichen Waage, daß ich meines nicht gefährden wollte. Die Lebensauffassung der Hofdame Murasaki ist so verschieden von derjenigen Joyces, daß ihn die zahlreichen Komplikationen und Verwicklungen, in denen die Begierde an sich selber zugrunde geht, sicher gelangweilt haben würden; denn trotz seiner vielen Erfolge wird Prinz Genji in zu viele Richtungen gerissen, um glücklich zu sein. Nicht daß Joyce einen glücklichen Helden erwartet hätte – dazu war er selber zu zerquält –, aber die ästhetischen und romantischen Assoziationen hätten den Realisten in ihm gestört.
Statt dessen brachte ich das Gespräch wieder auf Pierre Loti, im Bestreben, Joyce von seinen Qualitäten zu überzeugen, aber er konnte meine Bewunderung für Loti nicht verstehen. Meine Beharrlichkeit schien ihn sogar eher zu verärgern, und er sagte zu mir:
»Wenn Sie schon einen französischen Romantiker bewundern müssen, warum bewundern Sie nicht einen Mann wie Stendhal mit seinem *Le rouge et le noir* und der *Chartreuse de Parme*. Leidenschaft war seine *raison d'être*, und das ist doch wohl die Religion aller Romantiker – Exaltation durch die Leidenschaften.«
»Vielleicht«, antwortete ich, »aber um Romantiker zu sein, muß man sich noch lange nicht grausam und rücksichtslos gebärden oder, wie Fabrice, oft gar absurd. Loti war ein Romantiker, ein romantischer Impressionist, wenn Sie wollen, aber er ist völlig frei von Rücksichtslosigkeit, Grausamkeit oder Absurdität.«
»Vielleicht, aber Stendhal war ein Produkt des Napoleonischen Zeitalters, als sich die Franzosen als Welteroberer verstanden, und seine Haltung war dementspre-

chend. Doch abgesehen davon muß man einfach zugeben, daß die *Chartreuse* ein gutes Buch der romantischen Tradition ist.«

»In einem gewissen Sinn ja, aber es überzeugt nicht. Selbst für meinen Geschmack ist es zu bunt aufgetragen, und dann diese lange Episode über Fabrices Gefangenschaft im Farnesischen Turm und die Tochter des Kerkermeisters, Celia, eine romanische Mischung aus Gebet und Leidenschaft, die von ihrem Fenster aus Botschaften in seine Zelle wirft.«

»Aber Sie müssen seine Qualitäten anerkennen«, beharrte Joyce, »denn nur wenige vermochten Leidenschaft so eindringlich zu schildern wie er, in jener Szene aus *Le rouge et le noir* etwa, da sich Julien im Schlafzimmer der Madame de Rênal versteckt; oder dann wieder später im Buch, als er nachts über die Leiter ins Schlafzimmer der Mathilde de la Mole steigt. Seine Beschreibung ihrer wilden Verzückung ist herrlich. Und er schrieb einige vorzügliche Szenen«, fuhr er fort, und seine unvermuteten Lobesworte auf einen romantischen Schriftsteller verwunderten mich immer mehr, »wie etwa die Ballszene in *Le rouge et le noir,* da sich Mathilde für den Grafen Altamira zu interessieren beginnt, und zwar aus dem einzigen Grund, weil er einmal zum Tode verurteilt worden war. Vergleichen Sie zum Beispiel Thackerays Gesellschaftsszenen in *Vanity Fair* mit denjenigen Stendhals. Wie flach nehmen sich jene aus, und dennoch stammen ihre Bücher aus ungefähr derselben Zeit und handeln so ziemlich von der gleichen Art von Leuten. Stendhal wurde niemals sentimental und weich wie Thackeray, besonders dann, wenn er Frauengestalten schildert; noch in seiner größten Überspanntheit bleibt Stendhal hart und gleißend.«

»Zugegeben, und dennoch«, sagte ich und setzte mich eigensinnig für *Vanity Fair* ein, »ist Thackerays

Roman gut geschrieben, und seine Gestalten werden gut ausgeführt, und wenn sie sich nicht sonderlich entwickeln, so entwickelt sich doch ihre Geschichte in jener feinen Atmosphäre gesellschaftlichen Mords, die man in England antrifft. Thackeray hat das gesellschaftliche Leben seiner Zeit offen und klar beschrieben, aber ohne Stolz, Flair oder Glanz.«

»Ja, das gebe ich zu«, sagte Joyce, »aber Thackeray hat etwas, das Stendhal abgeht: Humor.«

»Humor!« rief ich aus, »aber gerade der Humor hat doch stets verhindert, daß der englische Roman seine höchste Stufe erreichte!«

»Finden Sie?« unterbrach Joyce. »Wie steht es denn mit Swift? Und wie steht's mit Bernard Shaw?«

»Das sind keine Romanschriftsteller«, sagte ich.

»Romanschriftsteller oder nicht, ich finde, ein Autor ohne Sinn für Humor hat entschieden etwas Unmenschliches. Humor ist etwas, das Stendhal fehlt – und das einigen Franzosen fehlt. Ihre Gefühlslage läßt ihn einfach nicht zu, denn sie müssen das Leben unbedingt ernst nehmen, und kein Franzose würde jemals seine Unterlegenheit vor dem Leben zugeben. Seine Eitelkeit läßt es nicht zu. Engländer sind ausgeglichener, und sie können mit Hilfe ihres Humors ihre Ohnmacht vor dem Schicksal zugeben.«

»Einverstanden«, sagte ich, »aber dennoch ziehe ich Stendhal, trotz seiner Verworrenheit und Dunkelheit, Thackeray vor, einfach deshalb, weil ich die meisten Dinge wegen ihrer Schönheit liebe. *Diese* Qualität bewundern wir an einem Kunstwerk, nicht Intellekt und Charakterzeichnung, sondern Schönheit – Schönheit, wie man sie bei Pierre Loti, Turgenjew oder Mérimée findet. So ziehe ich auch, um von Ihren Werken zu sprechen, aus demselben Grund Ihr *Portrait* dem *Ulysses* vor – nämlich wegen seiner strahlenden Schönheit, den sanft fließenden Sätzen voller emporsteigenden Lichter, glühenden Formen und verhüllten Bildern. Es ist die beste Beschreibung des Jünglingsalters, die es überhaupt gibt, denn das erste ist allemal das Beste. Wir neigen dazu, Erfahrungen zu hoch zu bewerten, denn insgesamt ist sie eine leidige Angelegenheit.«

»Sie ist der Abstieg in die Hölle, und *Ulysses* ist jener Abstieg, denn man kann nicht für immer ein Jüngling bleiben. Odysseus ist der Mann der Erfahrung. Aus dieser Verbindung, dieser Zwangsehe von Geist und Materie, entsteht Humor, denn *Ulysses* ist im Grunde ein humorvolles Werk, und wenn sich einmal die gegenwärtige kritische Verwirrung um ihn gelegt hat, werden ihn die Leute für das nehmen, was er ist.«

»Dann haben also nach Ihrer Meinung die Kritiker und Intellektuellen das Problem des *Ulysses* verfehlt, Ihre Absicht nicht klar erkannt und Bedeutungen hineingelesen, die gar nicht existieren, die sie selber erfunden haben.«

»Ja und nein«, erwiderte Joyce und zuckte ausweichend die Achseln, »denn wer weiß, vielleicht haben sogar sie recht. Was wissen wir schon über das, was wir in etwas gelegt haben? Die Leute mögen wohl mehr in den *Ulysses* hineinlesen, als ich je mit ihm beabsichtigte, aber wer könnte sagen, daß sie unrecht haben? Weiß denn einer von uns, was er schafft? Wußte Shakespeare, was er schuf, als er den *Hamlet* schrieb; oder wußte es Leonardo, als er das ›Letzte Abendmahl‹ malte? Letztlich liegt das ursprüngliche Genie eines Menschen in seinem Gekritzel beschlossen; in seinen beiläufigen Handlungen liegt seine grundlegende Begabung. Später mag er jene Begabung entwickeln, bis er einen *Hamlet* oder ein ›Letztes Abendmahl‹ schafft, aber wenn die geringfügigen Kritzeleien, aus denen das große Werk entsteht, nicht bedeutsam sind, taugt das große Werk nichts, wie grandios auch immer es entworfen wurde. Wer von uns vermag seine Kritzeleien zu kontrollieren? Sie sind die Urschrift unserer Persönlichkeit, wie unsere Stimme oder unser Gang. Und was jene Schönheit betrifft, von der Sie gesprochen haben, eine Vorstellung, die Sie offenbar verfolgt, so kann man vom Standpunkt unserer neuen Ästhetik sagen: ›Nur das Häßliche ist schön.‹«

12. Kapitel

Eines Nachmittags bat mich Joyce, ihn zu Larbauds Wohnung zu begleiten, da er einige Bücher holen wollte, die er dort liegengelassen hatte. Larbaud hatte Joyce damals, als er nach Paris gekommen war, seine Wohnung überlassen. Die Wohnung hatte, Joyce zufolge, einen Raum, der eigens als Schreibzimmer entworfen worden war und auf den ich sehr gespannt war.

Wir durchquerten den Jardin du Luxembourg und gingen am Rundteich vor dem Senatsgebäude vorbei, wo man unweigerlich auf eine Schar kleiner Jungen und Mädchen stößt, die ihre Segelboote ausfahren lassen, Boote, die mit wirklichen Schiffen offenbar dasselbe Schicksal gemein haben: sie erleiden um die Teichmitte herum Schiffbruch, stoßen mit anderen zusammen oder verknäulen sich mit Rivalen. Indessen scheinen die französischen Kinder ihren Ärger nie offen zu zeigen oder sich gar zu balgen, wie man es oft bei englischen und irischen Knaben und manchmal sogar bei Mädchen sieht. Sie begegnen einander mit einer zynischen Höflichkeit, die sich wohl aus der Grande Époque herleitet und die zu beobachten, wie Joyce bemerkte, höchst amüsant ist.

Indem wir die Treppe der Balustrade erstiegen, näherten wir uns jenem großen, mit goldenen Zinken versehenen Tor gegenüber dem Panthéon. Wir überquerten den Boulevard St Michel, gingen weiter in Richtung der Eglise St Etienne-du-Mont, bogen eine enge Straße hinunter und hielten vor einem der hohen grauen Häuser dieses Quartiers. Joyce nahm einen Schlüssel aus der Tasche und öffnete die Tür von Larbauds Wohnung. Ich hatte schon Zimmer gesehen, die für mancherlei Zwecke erdacht worden waren, aber noch nie vorher hatte ich ein Zimmer gesehen, das eigens zum Schreiben entworfen worden war. Es hatte die Form einer Kajüte, eine niedrige, abgerundete Decke mit einer Lampe im Zentrum, einen langen Tisch, der sich mitten durchs Zimmer erstreckte, und beidseitig, den Wänden entlang, in Reichweite der Arme, Regale, die an kleine Kojen gemahnten. Dank seiner Lage war es im Sommer sicherlich kühl, und, da es klein war, im Winter leicht zu heizen. Zudem war es, im Gegensatz zu den gewöhnlichen Räumen, in denen die meisten Schriftsteller arbeiten müssen, schalldicht und windgeschützt. Zu meiner Überraschung sagte mir Joyce jedoch, daß er nicht gerne darin gearbeitet habe.

»Ich schätze es nicht, eingeschlossen zu sein«, sagte er. »Wenn ich arbeite, will ich Geräusche um mich herum hören – die Geräusche des Lebens; hier hatte ich das Gefühl, in einem Grab zu schreiben. Wahrscheinlich hätte ich mich daran gewöhnt, aber das wollte ich nicht, denn so hätte ich vielleicht meine Fähigkeit eingebüßt, arbeiten zu können wo immer ich mich gerade aufhalte, sei dies nun in einer Pension oder einem Hotel, und Stille wäre für mich zu einer Notwendigkeit geworden, wie zum Beispiel für Proust.«

Nachdem er seine Bücher und einige Manuskriptseiten gefunden hatte, steckte er sie in eine Aktentasche und übergab den Schlüssel der Concierge. Auf dem Rückweg über den Panthéon betraten wir wieder den Boulevard St Michel und spazierten dann gemächlich zum Fluß hinunter.

Der Boulevard St Michel ist meiner Ansicht nach einer der reizvollsten von Paris. In keinem anderen Teil von Paris wurde man nämlich des unverkennbaren Geistes des Mittelalters gewahr, und als wir zum Fluß hinunter schlenderten, kamen wir auf Männer wie Raymond Lulle, Duns Scotus und Albertus Magnus zu sprechen, und die seltsame Welt, die sie geschaffen hatten.

»Ja, es war der wahre Geist Westeuropas«, bemerkte Joyce. »Stellen Sie sich vor, was für eine herrliche Zivilisation wir heute haben könnten, wenn dieser Geist sich erhalten hätte. Die Renaissance war letztlich nur ein intellektueller Rückfall ins Knabenalter. Vergleichen Sie ein gotisches Gebäude mit einem griechischen oder römischen: zum Beispiel Notre-Dame mit der Madeleine. Von den Gartenanlagen um Notre-Dame aus habe ich einmal zu ihren Dächern aufgeschaut, ihrer unbegreiflichen Verwicklung – eine Ebene überlagert die andere, ein Winkel kontert den andern, und all die vielen querlaufenden Dachrinnen, Strebebögen und ausbrechenden Wasserspeier. Im Vergleich damit erscheinen mir klassische Gebäude stets übereinfach und ohne Geheimnis. Eins der interessantesten Phänomene unseres heutigen Denkens ist meiner Meinung nach seine Rückbesinnung auf den Geist des Mittelalters.«

»Eine Rückbesinnung auf den Geist des Mittelalters!« rief ich verblüfft aus.

»Ja«, antwortete Joyce. »Das alte klassische Europa, wie wir es in unserer Jugend erlebt haben, geht rasch seinem Ende entgegen; der Kreis hat sich geschlossen, und so wird ein neues Bewußtsein aufkommen und im Rekurs auf das Mittelalter neue Werte schaffen. In der Nähe von Les Halles steht eine alte Kirche, ein schwarzes Gebäude mit Blätterkapitell und spinnenbeinig ausgestreckten Strebebögen, und beim Vorbeigehen sieht man die ungeheuren Spinngewebe, die in den Mauerritzen hängen. Ich wüßte nichts, das mich mehr an meine eigene Schriftstellerei gemahnte, und es wird mir bewußt: hätte ich im vierzehnten oder fünfzehnten Jahrhundert gelebt, hätte man mich viel besser verstanden. Damals war den Menschen bewußt, daß das Böse einen unabdingbaren Bestandteil unseres Lebens bildet und einen eigenen geistigen Wert besitzt. Ich finde dieses Motiv heutzutage immer wieder bei den jüngeren Dichtern.«

»Teufelskult ist nichts Neues«, wandte ich ein. »Es hat ihn schon immer gegeben. Man findet ihn bei Goya, in der spanischen Literatur und sogar in der spanischen Zigeunermusik, während er in Frankreich im letzten Jahrhundert bei Baudelaire und Rimbaud wieder auflebte.«

Und indem er stehenblieb, zitierte Joyce laut einige Zeilen von Baudelaire aus den »Pièces condamnées«:

Loin des peuples vivants, errantes, condamnées,
A travers les déserts courez comme les loups;
Faites votre destin, âmes désordonnées ...

»Das«, rief er aus, »ist der neue Tagesbefehl, und der ewige Kampf zwischen diesen beiden entgegengesetzten Kräften bildet das Weltdrama. Das starke Bewußtsein dieses Kampfes gab der mittelalterlichen Welt ihr Kolorit – die Fenster in der Kathedrale von Chartres und die *Nachfolge Christi.«*

Er zögerte kurz und sagte dann:

»Etwas vom Interessantesten an Irland ist meines Erachtens die Tatsache, daß wir im Grunde genommen immer noch ein mittelalterliches Volk sind und Dublin immer noch eine mittelalterliche Stadt ist. Damals, als ich noch die Pubs um die Christ Church herum zu frequentieren pflegte, fühlte ich mich stets an die mittelalterlichen Schenken erinnert, in denen das Heilige und das Obszöne unmittelbar aufeinanderstoßen, und ein Grund dafür ist der, daß wir nie, wie andere Länder, der Lex Romana unterworfen waren. Ich habe zum Beispiel stets beobachtet, daß ein irischer Bauer, dem man ein Werk der Renaissance zeigt, mit einer Art kalter Verwunderung darauf starrt, denn auf undeutliche Weise realisiert er, daß es nicht zu seiner Welt gehört. Seine Symbole sind noch mittelalterlich, und das unterscheidet uns vom Engländer, Franzosen oder Italiener, die alle Renaissance-Menschen sind. Denken Sie etwa an Yeats, der ein echter Mensch des Mittelalters ist, mit seiner Liebe zur Magie, seinen Beschwörungen, seinem Glauben an Zeichen und Symbole und seinen späteren Unzüchtigkeiten. Auch der *Ulysses* ist mittelalterlich, aber auf eine realistischere Weise, und Sie werden feststellen, daß die allgemeine Tendenz des modernen Denkens in diese Richtung verläuft. Denn so wie die Dinge sind, sehe ich ein weiteres Zeitalter der Extreme, Ideologien, Verfolgungen und Exzesse heraufkommen, die diesmal vielleicht politisch statt religiös sein werden, wobei allerdings das Religiöse als Bestandteil des Politischen wiederkehren mag. Und Sie werden feststellen, daß die alte Art des Schreibens und Denkens aus dieser neuen Atmosphäre verschwinden wird, ja schon jetzt im Begriff ist zu verschwinden, und der *Ulysses* gehört zu jenen Büchern, die diese Veränderung beschleunigt haben.«

»Aber Amerika«, wandte ich ein, »Amerika hat überhaupt nichts Mittelalterliches, und sein Einfluß wird von Jahr zu Jahr zunehmen. Es wird in den nächsten fünfzig Jahren viel Literatur hervorbringen; in der Tat tut es dies schon jetzt.«

»Politischer Einfluß, ja«, räumte er ein, »aber nicht kultureller. Ich glaube nicht, daß Amerika bald viel Literatur von Bedeutung hervorbringen wird, denn um dies zu können, muß ein Land zunächst einmal kultiviert werden, mit anderen Worten: einen Duft haben. Was ist das erste, was man bei der Ankunft in einem fremden Land bemerkt? Es ist sein Duft, der den Grad seiner Zivilisation angibt, und eben dieser Duft durchzieht seine Literatur. Wie Rabelais nach dem mittelalterlichen Frankreich duftet und *Don Quixote* nach dem Spanien seiner Zeit, so duftet *Ulysses* nach dem Dublin meiner Jugend.«

»Das Werk hat zweifellos eine besondere Ausdünstung«, gab ich zu.
»Ja, es riecht nach der Anna Liffey«, lächelte Joyce. »Vielleicht nicht immer ein sehr lieblicher Duft, aber dennoch charakteristisch.«
»Und Walt Whitman?« fragte ich.
»Ja«, stimmte Joyce bei, »er hat tatsächlich ein bestimmtes Aroma: den Duft von ungerodeten Wäldern und von Blockhütten, eine Art von ursprünglichem Pioniertum, aber von Zivilisiertsein ist das weit entfernt.«
»Wie steht's denn aber mit Thoreau?«
»Nein«, sagte er. »Ich halte Thoreau für einen amerikanischen Franzosen, einen Schüler von Bernardin de St Pierre, Chateaubriand und anderen dieser Schule. Meiner Meinung nach ist er kein echter Amerikaner; er hat einfach die kontemplative Teilnahmslosigkeit des europäischen *Fin de siècle* in die Neue Welt getragen. Das ist alles. Er reflektiert sicher nicht den amerikanischen Geist, so wie ich ihn verstehe. Die echten amerikanischen Schriftsteller waren bisher alle weniger bedeutende Autoren, wie Jack London, Bret Harte, Robert Service in Kanada und ähnliche Leute, und es wird noch lange dauern, bis sie Kunst von einiger Bedeutung hervorbringen. Was sie meiner Meinung nach brauchen, sind ein paar weitere Kriege. Nichts läßt eine Nation so reifen wie der Krieg, denn im Krieg werden die Menschen plötzlich und gewaltsam auf das Elementare verwiesen. Einige der größten Kunstwerke der Welt wurden unter den Bedingungen des Krieges geschaffen, von Männern, die auch Soldaten waren. Shakespeare, heißt es, zog mit einer Pike durch Flandern, Cervantes war jahrelang Kriegsgefangener in Algier, und wenn Leonardo nicht gerade Befestigungsanlagen für seine Gönner baute, malte er für sie ein Bild.«

»In Irland haben wir viel Krieg gehabt«, wandte ich ein, »aber er scheint nicht sonderlich viel Kunst hervorgebracht zu haben; im Gegenteil: er hat sie vollends erstickt.«

»Vielleicht – aber Sie dürfen nicht vergessen, daß Irland nie in dem Sinne wie Italien und Frankreich ein hochzivilisiertes Land war. Wir sind von der Hauptströmung der europäischen Zivilisation zu weit entfernt, um von ihr wirklich beeinflußt zu werden, und so ist der gewöhnliche Ire intellektuell anscheinend nie über Religion und Politik hinausgekommen. Folglich haben wir nie eine große Menge an Kunst, im umfassenden Sinn, hervorgebracht – Malerei, Architektur, Skulptur. All unsere Begabung scheint in die Literatur geflossen zu sein, und da müssen Sie zugeben, daß wir nicht schlecht abschneiden, insbesondere im Drama. Die besten englischen Stücke wurden von Iren verfaßt, während wir in der Prosa Sterne, Wilde und Swift (wenn er als Ire gelten darf) aufweisen. Außerdem muß man, Ihnen zufolge, George Moore dazurechnen, und noch einige andere.«

»Und jetzt gibt es *Ulysses.*«

»Ja – das ist mein Beitrag. Ich habe darin versucht, die irische Prosa auf die Ebene der internationalen Meisterwerke zu heben und eine ungeschmälerte Darstellung des irischen Genius zu geben. Ich hoffe, daß er einmal zu den wichtigen Büchern der Welt zählen wird, denn er wurde in einem neuartigen Stil erdacht und abgefaßt. Wenn wir ein Verdienst haben, dann ist es unsere Ungezwungenheit. Ein Ire wird sich selten gemäß den Forderungen der Konvention verhalten; Einschränkungen sind ihm lästig. Und so habe ich versucht, natürlich zu schreiben, auf einer emotionalen Basis, im Gegensatz zu einer intellektuellen Basis. Empfindung hat den Verlauf und die Detaildarstellung meines Buches bestimmt, und durch emotionales

Schreiben gelangt man zum Unvorhersehbaren, das ergiebiger sein kann als die Produkte der intellektuellen Methode, da seine Quellen tiefer liegen. Bei der intellektuellen Methode plant man alles im voraus. Wenn es darauf ankommt, sagen wir, ein Haus zu beschreiben, dann bemüht man sich, das betreffende Haus genau zu erinnern, was letztlich auf Journalismus hinausläuft. Aber der emotional schöpferische Schriftsteller gestaltet dieses Haus um und schafft ein bedeutsames Bild in der einzig bedeutsamen Welt, der Welt unserer Empfindungen. Je mehr wir uns an die Tatsache binden und einen getreuen Eindruck vermitteln wollen, desto mehr entfernen wir uns von dem, was bedeutsam ist. Beim Schreiben gilt es, eine sich unaufhörlich verändernde Oberfläche zu schaffen, diktiert von der Stimmung und dem augenblicklichen Impuls, im Gegensatz zur unveränderlichen Stimmung des klassischen Stils. Das ist ›Work in Progress‹. Wichtig ist nicht, was wir schreiben, sondern wie wir schreiben, und nach meiner Meinung muß der moderne Schriftsteller vor allem ein Abenteurer sein, der kein Risiko scheut und darauf gefaßt ist, notfalls bei seiner Unternehmung zu scheitern. Mit anderen Worten, wir müssen gefährlich schreiben: heutzutage ist alles im Fluß und Wandel begriffen, und moderne Literatur, die etwas taugen soll, muß diesen Prozeß ausdrücken. Im *Ulysses* habe ich versucht, die mannigfaltigen Variationen, aus denen das gesellschaftliche Leben den und erhebenden Momente. Mit anderen Worten, einer Stadt besteht, auszudrücken – seine erniedrigenwir wollen das Klassische vermeiden mit seinem starren Gefüge und seinen emotionalen Beschränkungen. Das Mittelalter besaß meiner Meinung nach größere emotionale Fruchtbarkeit als der Klassizismus, die Kunst des Gentleman, die mit diesem mittlerweile außer Kurs gesetzt wurde. Im Klassizismus gibt es freilich nur wohlriechende Düfte«, fügte er bei, »aber ich habe andere Gerüche bevorzugt. Ich finde, ein Buch sollte nicht im voraus geplant werden; es wird vielmehr während des Schreibens Gestalt annehmen, unterworfen, wie gesagt, den ständigen emotionalen Eingebungen unserer Person.«

13. Kapitel

Eines Abends kamen wir auf Reputationen zu sprechen, und ich machte die Bemerkung, wie sonderbar und verschiedenartig sie doch seien.

»So gibt es zum Beispiel jene Menschen, die es in einem anderen Bereich zu Ansehen gebracht haben, als wo ihre eigentlichen Verdienste liegen: etwa in der Poesie, während sie eigentlich in der Prosa excellierten, wie im Fall von Lamartine.«

»Er war aber auch ein schlechter Prosa-Schriftsteller«, sagte Joyce.

»Ja«, sagte ich, »abgesehen von einem Buch.«

»Ich kann nicht behaupten, daß ich ihn gut kenne«, sagte Joyce, »denn er war kein Schriftsteller, der mir sonderlich zusagte mit seiner überzogenen Romantik, seiner konventionellen Mystik und seinen überladenen Beschreibungen, aber ich entsinne mich, ich habe ›Le Lac‹ geschätzt.«

Aimons donc, aimons donc! de l'heure fugitive
Hâtons-nous, jouissons!
L'homme n'a point de port, le temps n'a point de rive;
Il coule, et nous passons!

zitierte ich eine Strophe.

»Das hat nichts Originelles und Echtes. Möglicherweise ist es sein bestes Gedicht; jedenfalls wird es dafür gehalten. Tatsächlich sind die *Méditations poétiques* sein bester Gedichtsband. Ich habe einiges von ihm gelesen, weil ich mich für ihn interessiere und weil er nach meiner Meinung ein Meisterwerk der französischen Prosaliteratur geschrieben hat: *Graziella.*«

»Ich habe es vor langer Zeit gelesen«, sagte Joyce, »die Geschichte seiner Romanze mit einem italienischen

Fischermädchen. Soweit ich mich erinnere, handelt es sich um ein reichlich süßes Rührstück, in dem alle fortwährend *fondent en larmes.* Überhaupt hat mich an Lamartine stets seine grundsätzliche Unaufrichtigkeit gestört.«

»Vielleicht«, räumte ich ein, »aber Talent ist nun einmal Talent, wo immer es sich findet, und das Merkwürdige daran ist, daß ein Mann wohl ein Ausbund von Aufrichtigkeit sein mag, dies aber nichts fruchtet, solange er nicht die Gabe hat; sonst schmeckt sein Werk wie abgestanden. Aber bei *Graziella* war Lamartine wirklich bewegt. Und es steckt herrliche Musik in Lamartines Prosa: er war ein lyrischer Schriftsteller, im Gegensatz zu dem, was ich einen intellektuellen Schriftsteller nennen würde.«

»Ich nehme an, Sie würden mich einen intellektuellen Schriftsteller nennen«, warf Joyce ein.

»Nein, nicht unbedingt«, sagte ich. »Ihre frühen Werke waren lyrisch – Teile der *Dubliner* sind lyrisch, *Ein Porträt* ist lyrisch, nicht aber *Ulysses,* und das ist vielleicht der Grund, weshalb er mir nicht zusagt. Vieles darin scheint mir allzu bewußt angelegt, während ich Inspiration bewundere.«

»Das hängt freilich davon ab, was Sie Inspiration nennen«, bemerkte Joyce. »Mir scheint, Sie verwechseln romantisches Flair mit Inspiration. Inspiration, die ich bewundere, beruht nicht auf Laune; sie ist die stetige Folgerichtigkeit eines Gedankengebäudes, wie man es in *Gulliver's Travels,* bei Defoe und sogar bei Rabelais vorfindet. Aber Lamartines Werk stellt bloß eine Flut von Rührseligkeit dar.«

»Und von Poesie«, fügte ich bei.

»Von falscher Poesie«, erwiderte er.

»Ich gebe zu, daß *Graziella* kein bedeutendes Werk ist. Man mag es rührselig finden, aber es beschreibt das Leben, wie es einem allgemeinen Verständnis ent-

spricht: das naturhafte Leben an den Küsten des Mittelmeeres. Und es hebt sich angenehm von den modernen Büchern ab, die meistens das unnatürliche Leben in Groß- und Kleinstädten schildern.«
»Das hat seinen Grund darin, daß den Großstädten heutzutage hauptsächliches Interesse zukommt«, sagte Joyce. »Wir leben in einer Zeit städtischer Vorherrschaft. Der moderne technologische Fortschritt hat sie dazu gemacht.«
»Das ist Entartung«, sagte ich.
Joyce zuckte die schmalen Achseln.
»Der Schriftsteller hat es darauf abgesehen, das Leben seiner Zeit zu beschreiben«, sagte er. »Ich habe Dublin gewählt, weil es der Brennpunkt des heutigen Irland ist, sein Herzschlag, wenn Sie so wollen, und es wäre Verstellung, das zu ignorieren.«
»Aber kommen wir auf *Graziella* zurück«, sagte ich, »denn ich sehe die Erzählung anders als Sie, nicht als ein süßes Rührstück. Lamartines Darstellung der Graziella ist alles in allem direkt, und dennoch wird einem beim Lesen das Geheimnis ihres Wesens deutlich bewußt. Überhaupt finde ich, das Wesen einer Persönlichkeit drückt sich in einer direkten Schilderung wahrhaftiger aus als in den modernen anmaßenden Bemühungen, mit dem Geheimnis fertigzuwerden. Im Leben gewahren wir das Geheimnis einer Persönlichkeit oft eher an einer flüchtigen Geste als in stundenlanger genauer Beobachtung. Gerade Graziellas Ahnungslosigkeit offenbart sie uns. Ein Schriftsteller kann seinen Eindruck viel eher durch Farbe und Tönung seiner Wörter vermitteln als durch irgendwelche intellektuelle Analyse.«
»Was den Gebrauch der Wörter betrifft, bin ich mit Ihnen einverstanden«, sagte Joyce. »Als ich am *Ulysses* schrieb, versuchte ich, Farbe und Ton von Dublin mit meinen Wörtern wiederzugeben. Die eintönige, den-

noch glitzernde Atmosphäre Dublins, seine halluzinatorischen Dünste, sein zerfetztes Durcheinander, die Welt seiner Bars, seine gesellschaftliche Unbeweglichkeit – sie konnten nur durch die Beschaffenheit meiner Wörter vermittelt werden. Gedanken und Handlung sind nicht so wichtig, wie einige behaupten wollen. Das Ziel jedes Kunstwerkes ist die Übertragung von Emotion; Begabung ist die Fähigkeit, solche Emotion zu vermitteln. Aber ich kann Ihre Bewunderung des Romantischen nicht verstehen. Wenn es je einen veralteten Mythos gab, dann ist es dieser.«

»Er hat sich erhalten«, erwiderte ich, »und wird ewig bestehen.«

»Vielleicht, aber beim Realismus hat man es mit Tatsachen zu tun, auf denen die Welt gründet: der jähen Wirklichkeit, die alle Romantik zu Brei schlägt. Was die meisten Menschen unglücklich macht, ist irgendeine enttäuschte romantische Schwärmerei, ein unerfüllbares oder falsch verstandenes Ideal. Man kann sogar sagen, der Idealismus ruiniert den Menschen, und wenn wir uns im Leben an die Tatsachen hielten, wie es die urzeitlichen Menschen tun mußten, würde es uns besser gehen. Dazu sind wir auf der Welt. Die Natur ist völlig unromantisch. Wir allein versehen sie mit romantischen Zügen; dies ist eine falsche Einstellung, egoistisch und absurd wie alle Egoismen. Im *Ulysses* versuchte ich, nahe an der Wirklichkeit zu bleiben. Es gibt natürlich auch Humor, denn obwohl die Lage des Menschen in dieser Welt letztlich tragisch ist, kann man sie auch als humoristisch ansehen. Die Unvereinbarkeit seiner Aspirationen mit dem, was er ist, wirkt zweifellos komisch, so sehr, daß ein Komiker nur auf die Bühne zu kommen und zu stolpern braucht, und schon brüllen alle vor Lachen. Stellen Sie sich vor, wie humoristisch sich erst ein solches Mißgeschick an einem glühenden Romantiker ausnehmen würde, der eben seiner

Schwärmerei nachhängt. Das ist der Grund, weshalb wir heutzutage die urzeitlichen Menschen so bewundern. Sie hielten sich an die Wirklichkeit, jene Wirklichkeit, die am Ende stets triumphiert.«

14. Kapitel

Eines Abends traf ich Joyce zufällig auf den Champs-Elysées, und wir setzten uns zu einem Drink ins »Le Béri« mit seinem scharlachroten Baldachin und den über das Trottoir verteilten strohfarbenen Stühlen. Es war schon bald sechs Uhr und die Wagen flitzten auf den Arc de Triomphe zu. Über den Dächern der gegenüberliegenden Häuser zeichnete sich fahl der Himmel ab, und vor uns schimmerten die Bäume des Boulevards in jenem dunklen Lackgrün, einer Mischung aus künstlichem und natürlichem Licht. Als wir dort auf der Terrasse bei unserem Cinzano saßen, zitierte Joyce einige Zeilen aus *The Waste Land*, die ihm offensichtlich gefielen.

O o o o that Shakespeherian Rag –
It's so elegant
So intelligent
›What shall I do now? What shall I do?
I shall rush out as I am, and walk the street
With my hair down, so. What shall we do tomorrow?
*What shall we ever do?‹**

Als er diese Zeilen vorsprach, fand ich sie ägerlich. Er spürte meinen Unmut und blickte mich an.
»Wie ich sehe, schätzen Sie Eliot nicht«, sagte er.

* O o o o dieser Fetzen Shakespeare —
Ist so elegant,
So intelligent.
„Was soll ich jetzt tun? Was soll ich tun?
Ich geh hinaus, wie ich bin, geh auf die Straße
So, mit offenem Haar. Was tun wir morgen?
Was sollen wir je tun?«
(aus: Das wüste Land, übertragen von Ernst Robert Curtius)
Insel-Bücherei Nr. 660, 1957, S. 17

»Ich schätze diese speziellen Zeilen nicht«, sagte ich, »obwohl ich zugebe, daß er einige ausgezeichnete Gedichte geschrieben hat, heitere Gedichte wie ›Sweeney among the Nightingales‹. Für mich allerdings muß ein Dichter ernst sein«, sagte ich, und ich zitierte ihm einige Zeilen aus *Sordello*, die mir gerade einfielen:

Not any strollings now at even-close
Down the field path, Sordello! by thorn-rows
Alive with lamp-flies, swimming spots of fire
And dew, outlining the black cypress' spire
She waits you at, Elys, who heard you first
Woo her, the snow month through, but ere she durst
Answer 't was April. Linden-flower-time-long
Her eyes were on the ground; 't is July, strong
Now; and because white dust-clouds overwhelm
The woodside, here or by the village elm
That holds the moon, she meets you,
*somewhat pale . . .**

»Beachten Sie seine Ernsthaftigkeit, die Tiefe der Empfindung, den Reichtum seiner Bildersprache.«
Aber Joyce kritisierte das Versepos unerbittlich.
»Es ist voller Klischees«, rief er aus, »die von Literaten bis zum Brechreiz gebraucht worden sind: ›strolling down the field path‹ (über den Feldweg dahinschlen-

* Wie jetzt der Abend zur Neige geht, laß das Schlendern / den Feldweg hinunter, Sordello! Bei der Dornenhecke, / von Leuchtkäfern wimmelnd, schwebenden Feuertupfen, / und Tau, der den schwarzen Zypressenwipfel säumt, / wartet sie deiner, Elys, die zuerst / dein Werben gehört, den Schneemonat hindurch. Aber noch eh' sie sich / zur Antwort erkühnt, war es April. Solange die Linden blühten, / hob sie die Augen nicht; jetzt aber ist der Juli eingekehrt; / und da nun weiße Staubwolken den Waldrand bedecken, / hier oder bei der Dorfulme, / die den Mond abfängt, trifft sie dich, bleich . . .

dern – ›the lamp-flies‹ (die Leuchtkäfer) – ›the cypress spire‹ (der Zypressenwipfel) – das Mädchen, das ihn im Wald erwartet und ihm bis im April ihre Antwort verweigert, mein Gott! Haben wir noch nicht genug davon? Es ist in einer absterbenden Tradition geschrieben – ja, einer bereits abgestorbenen, kann man sagen.«

»Aber stirbt Tradition je ab?« fragte ich ihn. »Was ist Kunst anderes als ein und dasselbe immer und immer wieder auf verschiedene Art angewendete Rezept?«

»Der wortreiche Browning«, erwiderte Joyce, »dessen Personen, gleichgültig wer sie sind, ausnahmslos wie Intellektuelle sprechen: ein Geist, der einherkriecht und sich endlos wiederholt, bis er sich schließlich im Labyrinth der Wörter verliert. Aber sind Sie schon jemandem begegnet, der wie Brownings Personen sprach? Und wenn ja, hatten Sie nicht ein Gefühl, als würden Sie verrückt oder betrunken? *The Waste Land* ist der Ausdruck unserer Zeit, in der wir bemüht sind, die angesammelte Last der Jahrhunderte abzuwerfen, die alles ursprüngliche Denken erstickte: Formeln, die in der Vergangenheit etwas bedeutet haben mögen, aber heute bedeutungslos sind. Eliot sucht eher nach Bildern der Empfindung als nach einem logischen Aufbau, und das verbindet ihn mit allen anderen modernen Dichtern. Schätzen Sie ihn deshalb nicht, weil er mit der Tradition gebrochen hat?«

»Das spielt sicher mit«, sagte ich, »denn ich frage mich, ob man überhaupt außerhalb der Tradition schaffen kann. Was ist Tradition schließlich anderes als die angesammelte Weisheit der Jahrhunderte? Bei Eliot findet man einige gute Zeilen und sogar ganze Strophen. Aber der Mann insgesamt überzeugt mich nicht.«

»Überzeugt uns denn irgendein Mann insgesamt?« fragte Joyce. »Gewiß nicht der ganze Browning, wenn ihn überhaupt jemand verdauen könnte. Wenigstens war Eliot nicht so ein Vielschreiber wie Browning.«

Nach einer Pause fragte ich ihn, was er von Brownings großem Rivalen Tennyson halte.

»Lawn Tennyson«, sagte er, den Scherz aus dem *Ulysses* wiederholend. »Der pfarrhäusliche Zimperling, ein Dichter, dem es an Intellekt gebricht.«

»Wenigstens war er nicht städtisch wie Eliot«, entgegnete ich.

»Nein, er war vorstädtisch. Er schreibt nicht etwa über wilde Landschaft, sondern über Gärten. Nein, ich schätze Tennyson nicht. Vergleichen Sie ihn mit einem Dichter wie Donne, dessen Verskunst eine klangvolle kontrapunktische Musik ist, neben der sich Tennyson wie einer ausnimmt, der nur mit einem Register spielt. Und Donnes Liebesgedichte sind komplexer und tiefer als alle anderen, die ich kenne. Für mich ist er sehr englisch, weit mehr als Tennyson, denn der englische Geist ist, trotz allem was über ihn gesagt worden ist, durchaus komplex; und bei Donne gelangt man in ein Labyrinth der Gedanken und Gefühle. Ein Gedicht von Donne ist ein Abenteuer, bei dem man nicht weiß, wohin es einen führt, und genau so sollte Literatur beschaffen sein. Im Leben weiß man nicht, wohinaus eine Erfahrung will, und bei einem literarischen Werk sollte es ebenso sein. Denn das ist das Erregende daran. Donne ist Shakespearesch in seiner Fülle, neben der die berühmten französischen Liebeslyriker trivial erscheinen. Er war ein typischer Mensch des Mittelalters, bevor der Klassizismus den englischen Geist ausrichtete. Donne und Chaucer waren die zwei leuchtenden Genien der Lebenslust, bevor die Puritaner ihre eiskalten Hände ausstreckten. Der Klassizismus war schön und gut, solange er heidnisch war; aber schon in der Renaissance hatte er seinen Sinn eingebüßt, und so hat er bis heute kümmerlich weitergewest, wurde schwächer und schwächer, bis er schließlich in Tennyson und den albernen Akten eines Alma-Tadema endete.«

Es fiel mir besonders auf, daß Joyce den Namen Alma-Tadema erwähnte. Es war meines Wissens das erste Mal, daß er das Werk eines bildenden Künstlers erwähnt hatte, denn seine Haltung glich der einiger anderer Literaten, die Malerei für eine untergeordnete Kunst halten. Musik interessierte ihn, nicht aber die bildende Kunst, und das einzige Bild, das ich je in seiner Wohnung gesehen hatte, abgesehen von seinen Familien-Porträts, an denen er aus sentimentalen Gründen hing, war Vermeers Bild von Delft. Es hing über dem Kaminsims, und er hielt es für ein außerordentlich schönes Kunstwerk. Ein Grund, wenn nicht *der* Grund, weshalb er es so sehr bewunderte, war wohl der, daß es das Porträt einer Stadt ist.

Aber im allgemeinen interessierte er sich nicht für moderne Kunst, die in Paris große Mode war. Picasso, Matisse, Braque waren Namen, mit denen er sich nie zu beschäftigen schien. Ich wiederum interessierte mich mehr für Malerei als für Literatur, und als Kritiker des *New York Herald* kam ich fortwährend mit neuester Kunst in Berührung. Wenn wir an einer Kunstgalerie in der Rue de Seine vorbeikamen, von denen es eine ganze Menge gibt, blieb ich oft davor stehen und fragte ihn nach seiner Meinung über den jüngsten Picasso oder Braque, aber er pflegte sie nur leer anzustarren, ohne daß sein Gesicht das geringste Interesse oder irgendwelche Empfindung verriet, und nach einiger Zeit zu fragen: »Wieviel sind sie wert?«

Ich verstand nicht, wie er, ein führender Repräsentant der modernen Literatur, die Bemühungen in einer anderen Kunst ignorieren konnte, die ich als vitalste und aufregendste unserer Zeit erachte.

Das Russische Ballett war ebenfalls große Mode, und ich erinnere mich an eine frühe Aufführung des »Sacre du Printemps«, während der im Publikum ein Tumult ausbrach. Als ich anschließend am Büfett stand, sah ich

ein Mädchen mit halb zerfetztem Abendkleid durchs Foyer gehen. Ich weiß noch, daß ich bei mir dachte, dies müsse wahrhaft eine gebildete Nation sein, da die Leidenschaft für die Künste solche Formen annähme. Als ich Joyce fragte, was er von dieser Truppe hielt, zuckte er die Achseln und meinte, er mache sich nichts daraus. Er ging einmal hin und nie wieder. Er hielt den Ruf des Balletts für übertrieben, eine so seltsame und für mich unverständliche Ansicht, daß ich daran zweifelte, ihn richtig verstanden zu haben.
Tatsächlich blickte er mit Verachtung auf die mannigfaltigen künstlerischen Aktivitäten von Paris. Entweder verstand er sie nicht, oder es lag an seiner bürgerlichen Vorsicht, einem Vorurteil, könnte man sagen, gegenüber allem Neuen und Modischen, das er für »Schwindel« hielt, eine Modeerscheinung, die sich ebenso schnell legen würde, wie sie aufgekommen war. Sein Verhältnis zur Malerei hatte eine merkwürdige Folge, denn eines Tages eröffnete er mir, daß er jemanden damit beauftragen möchte, das Porträt seines Vaters in Dublin zu malen, und er fragte mich, ob ich jemanden wüßte, der es übernehmen könnte. Ich schlug Orpen, Paul Henry und andere vor, aber er ging nicht darauf ein. Dann fiel mir Patrick Tuohy ein, den ich flüchtig kannte, ein tüchtiger Realist, aber wahrlich auch nicht mehr. Joyce entschied sich augenblicklich für ihn, weil er offenbar seinen Vater in Dublin gekannt hatte. Tuohy erhielt also ordungsgemäß den Auftrag, das Porträt anzufertigen, das sich dann, als es ankam, als erstaunlich gut erwies. Tuohy schlug in der Folge vor, selber nach Paris zu kommen und die übrigen Familienmitglieder zu malen. Ich war vorübergehend in Irland gewesen, aber als ich zurückkehrte, hatte sich Tuohy mittlerweile eingerichtet, und jedesmal, wenn ich in die Wohnung kam, saß er irgendwo auf dem Boden mit einem Spiegel in der Hand und

feilte an einem Porträt herum. Aber die Lage war nicht glücklich, denn er und Joyce rieben sich aneinander, und zweifellos ärgerte sich Joyce über Tuohys ständige Anwesenheit. Tuohy konnte sehr unangenehm sein, denn er war seelisch labil. Einmal setzte er mir auseinander, er habe wahrscheinlich ein Geschwür am Gaumendach, das sein Gehirn vergifte. Ich riet ihm, einen Arzt aufzusuchen, aber er erwiderte, die Ärzte könnten nichts finden. »Sie können nie etwas finden«, fügte er hoffnungslos hinzu.

Ich weiß nicht, ob es Eifersucht war, diese Säure, die so manchen Iren zerfrißt; jedenfalls machte er es sich zur Gewohnheit, Joyce fortwährend anzugreifen. Als unattraktiver, gewöhnlich aussehender Mann, dessen Provinzialität bis zur Rüpelhaftigkeit ging, hat Tuohy vielleicht diese hervorragende internationale Persönlichkeit beneidet. Einmal lud ich ihn und Joyce zu einer Teegesellschaft ein, an der außerdem einige amerikanische Freunde waren. Tuohy war vor Joyce die Treppe heraufgekommen und saß auf einer Bank in der Nähe der Türe, und als nun Joyce hereinkam, klatschte er spöttisch Beifall, was Joyce ungemein ärgerte. Als ein Gespräch über Joyces Werke anhob, sprach Tuohy von seiner Ecke aus ständig dazwischen: »Schreiben Sie einen Bestseller, ja, das müssen Sie tun: schreiben Sie einen Bestseller.«

Ob dies Tuohys Art war, sein Mißfallen an Joyces Werken zu bekunden, oder eine unfeine Andeutung, diese wären der Sensation und des Geldes wegen geschrieben worden, kann ich nicht sagen; jedenfalls brachte er eine unangenehme Atmosphäre auf.

Auf dieser Gesellschaft machte Tuohy die Bekanntschaft einer amerikanischen Dame, und als er später nach Amerika ging, wohnte er bei ihrer Familie, wie er es damals bei der Familie Joyce gehalten hatte. Sie beklagte sich bei mir in einem Brief, die schönen Südstaaten-Mädchen hätten Tuohy völlig den Kopf verdreht, und er hätte sich auf so absonderliche Weise aufgeführt, daß, wie sie sich ausdrückte, »in den nächsten fünfzig Jahren kein weiterer Ire hier aufzukreuzen braucht«. Danach hörte ich ein Jahr lang oder länger nichts mehr von ihr, bis ich eines Tages ein Telegramm erhielt: »Tuohy hat in New York Selbstmord begangen. Können Sie etwas unternehmen?« Aber was konnte ich tun? Ich wußte nicht einmal, daß er in New York gewesen war. Anscheinend hatte der arme Kerl sein Atelier mit Zeitungen überklebt und dann das Gas angedreht. Er war schon vierzehn Tage tot, als man ihn fand.

Als ich Joyce die Neuigkeit mitteilte, schien er ungerührt. »Das überrascht mich nicht«, sagte er. »Er hat mich selber beinahe in den Selbstmord getrieben.«

Joyce sagte mir einmal, mehr oder weniger im Zusammenhang mit seinem Werk: »Einen Schriftsteller zu tadeln, weil sein Werk nicht logisch entwickelt ist, scheint mir eine dürftige Kritik zu sein, denn es ist nicht Sache des Kunstwerks, Tatsachen zu erzählen, sondern eine Emotion zu vermitteln. Einige der größten Bücher, die je geschrieben wurden, sind absurd. Denken Sie etwa an *La Chartreuse de Parme*, die Sie bemäkelt haben, deren Fakten niemand ernst nehmen könnte, wie auch niemand diejenigen von *Gulliver's Travels* ernst nehmen würde. Ja, von der modernen Entwicklung aus betrachtet, scheinen alle Künste zur Abstraktion der Musik zu tendieren. Und was ich gegenwärtig schreibe, wird vollständig von diesem Ziel bestimmt; denn je mehr man sich von den Fakten zurückbinden läßt, desto mehr schränkt man sich ein. Der Geist bestimmt die Tatsachen, und nicht umgekehrt.«

Ich sagte damals nichts, aber seit ich darüber nachdenke, stelle ich fest, wie gänzlich verschieden unsere Ansichten sind, denn für mich sind Tatsachen viel erstaunlicher und vielfältiger als alle menschliche Einbildungskraft. Ich neige zur Ansicht, ein Schriftsteller sollte es eher darauf absehen, die wunderbare Abfolge der Wirklichkeit nachzubilden, als sie geringzuschätzen. Ein Schriftsteller, der sie wie Joyce in *Finnegans Wake* mißachtet, mag uns zunächst bestürzen, aber letztlich können wir ihm nicht verzeihen: er hat den Kern der Wahrheit, mit dem wir es täglich zu tun haben, mißachtet. Schließlich ist der universelle Mensch nicht der intellektuelle, sondern der sinnliche Mensch, jener Mensch, der seine Emotionen, ja sein ganzes Leben aus der Berührung mit der Wirklichkeit empfängt.

»Ich habe wohl nicht so recht begriffen, was Sie unter einem ›sinnlichen Menschen‹ verstehen«, sagte Joyce.

»Ich verstehe darunter den gewöhnlichen Alltagsmenschen, der ohne Ziel oder Ehrgeiz dahinzuleben scheint, der seine Arbeit verrichtet, um Leib und Seele zusammenzuhalten, dessen Vergnügen und Begierden seinem Körper entspringen und der sich hauptsächlich für seine Liebschaften, sein persönliches Wohlbehagen und jene Vergnügen interessiert, die er aus seiner emotionalen Berührung mit dem Alltagsleben gewinnt.«

»Ich lege ihm keine so große Bedeutung bei wie Sie«, erwiderte Joyce .»Für mich ist er das Wachs, das Leute von größerer Intelligenz und Persönlichkeit formen, und er hat nur übernommene Ansichten.«

»Vielleicht hat er keine unmittelbar gewonnenen Ansichten«, räumte ich ein, »aber er macht sie sich allmählich zurecht, und dann sind sie unwiderruflich, und wenn ein Kunstwerk jenes sinnliche Element vermissen läßt, das die Substanz seines Lebens ausmacht, dann lehnt er es ab. Denken Sie an Hemingway. Er scheint groß im Kommen zu sein, weil er originell ist. Aber seine Originalität ist korrupt, und das, worüber er schreibt, stinkt im Leben, und mit der Zeit wird es auch in der Literatur stinken: Geschichten über Alkoholiker, Nymphomaninnen und Menschen, die in einem wüsten Land der Gewalt leben und keine emotionale Tiefe haben. Ich halte ihm natürlich zugute, daß er sehr zeitgemäß ist. Meiner Meinung nach ist er allzu zeitgemäß, ja, seine Schriftstellerei ist nunmehr eher das Werk eines Journalisten als eines Literaten.«

»Er hat den Schleier zwischen Literatur und Leben verringert«, sagte Joyce, »das ist es, was schließlich jeder Schriftsteller anstrebt. Haben Sie ›A Clean Well Lighted Place‹ gelesen?«

»Ja«, sagte ich, »und es ist eine seiner besten Geschichten. Wenn alle übrigen nur auch dieses Niveau hätten.«

»Sie ist meisterhaft«, erwiderte Joyce in einem Anflug von Begeisterung. »Ich halte sie sogar für eine der besten Kurzgeschichten, die je geschrieben wurden; sie hat Schärfe.«

»Aber haben Sie je Maupassants *Bel Ami* gelesen?«

»Ja, ich las es vor langer Zeit. Es war sicher ein amüsantes und lebhaftes Buch und gab wohl ein gutes Bild vom Paris der achtziger Jahre, von einem bestimmten Teil der Gesellschaft, aber ich würde es kein großes Werk nennen. Wie alles, was Maupassant schrieb, ist es en miniature ausgeführt. Ich fand sogar, es lese sich wie eine Reihe ausgezeichneter Kurzgeschichten, aber ich konnte die Hauptfigur Duroy, diesen französischen Zuchtbullen, nicht ernst nehmen.«

»Er unterhielt mich jedenfalls mehr als Hemingways Kampfstiere«, konnte ich mir als Erwiderung nicht verkneifen. »Auch mißfällt mir die Atmosphäre in Hemingways Geschichten, diese harte, grobe, alkoholische Welt, über die er schreibt. Mag es ein persönliches Vorurteil sein oder nicht, aber ich hasse nun einmal Menschen, die im Alkohol schwimmen. Betrunkenheit ist die subtile Form einer gegen jeden und alles gerichteten Beleidigung. Sie besudelt die Welt wie nichts sonst, und solche Besudelung entdecke ich in Hemingways Geschichten.«

»Und der Beischlaf berührt Sie nicht auf diese Weise?«

»Nein«, sagte ich, »dabei hat man es mit einem Geheimnis zu tun, das alles mögliche werden und alles verwandeln kann. Der Liebesakt kann in Liebe enden, was oft der Fall ist, und so sind seine Möglichkeiten unbegrenzt.«

»Sie würden also Thomas von Aquin nicht darin zustimmen, daß der Liebesakt den Tod der Seele bedeutet?«

»Nach dem christlichen Verständnis bedeutet wohl jede körperliche Berührung für die Seele den Tod, aber da ich nicht religiös veranlagt bin, weiß ich nicht so recht, was das Wort ›Seele‹ heißt. Es hat so viele Bedeutungen, daß ich nicht entscheiden kann, welches die richtige ist.«

Joyce zuckte die Achseln, wandte sich ab, ergriff sein Glas und trank daraus, ohne zu antworten. Er gab mir wohl auf diese Weise zu verstehen, daß es nutzlos, ja ein Zeitverlust wäre, solche abstrakten Dinge zu diskutieren. Daher beschloß ich, auf unser ursprüngliches Thema, die Kurzgeschichte, zurückzukommen, und sagte zu ihm:

»Es ist nicht schwer, bedeutendere Autoren von Kurzgeschichten als Hemingway aufzuzählen: Mérimée zum Beispiel. ›Carmen‹ ist eine wirkliche *conte* im französischen Sinn: dicht und farbig.«

»Ich gebe zu, daß sie unterhaltsam ist«, sagte Joyce, »aber wie so manches Französische ist sie Miniatur verglichen etwa mit Tolstois Kurzgeschichten. Er war ein unbedeutender Schriftsteller, aber für eines bin ich Mérimée doch dankbar: er lieferte die Geschichte für das Libretto der besten Oper, die je geschrieben wurde.«

Es lohnte sich kaum, darüber zu streiten, ob *Carmen* die beste Oper wäre, die je geschrieben wurde, und da ich wegen meines Helden Mérimée so schroff zurechtgewiesen worden war, beschloß ich zu schweigen. Im großen und ganzen war Joyce ein durchaus verständiger Mensch, und nur auf drei Dingen beharrte er fanatisch: das erste war die Bedeutung Ibsens; das zweite, erstaunlicherweise, der Wert der Oper *Carmen*; das dritte die jeweiligen Meriten von Restaurants, denn ein schlechtes Essen konnte seine Stimmung trüben.

Wegen der letztgenannten Sache kam es denn auch zu einem schweren Bruch in unserem Verhältnis. Es geschah 1931, als er sich in London aufhielt, um seine Heirat vorzubereiten, zweifellos in der Hoffnung, sie würde im weiten Meer menschlicher Geschäftigkeit unbemerkt bleiben. Er hatte eine Wohnung an einer mit roten Backsteinhäusern umsäumten Seitenstraße von Kensington High Street bezogen und haßte die Atmosphäre, da er sich ans Festland und vor allem an Paris gewöhnt hatte. Niemals war er mir so unglücklich und verloren erschienen wie in London, das für ihn zu einem fremden Lebenskreis geworden war.

Eines Abends beschloß ich, vorbeizugehen und ihn in einem neuen Wagen, auf den ich ziemlich stolz war, zu einem Wirtshaus an der Portsmouth Road auszuführen, einem Lokal von einiger Reputation, das einen altertümlichen Charakter bewahrt hatte und wo man in einem eichengetäfelten Raum bei Kerzenlicht dinierte, einem Lokal, wo angeblich Lord Nelson mit Lady Hamilton zu speisen pflegte. Das Essen war zugegebenermaßen schlecht, und im Verlauf des Abends geriet Joyce in eine schwelende üble Laune. Ich, der ihn schon so viele Jahre kannte, hatte ihn noch nie in solcher Stimmung erlebt.

Als wir in den Wagen stiegen, um nach London zurückzufahren, hoffte ich, daß sich sein wie jetzt auch mein Ärger gelegt hätte. Aber nein, wir schienen uns gegenseitig nur noch mehr zu erbittern.

Ein drückendes Schweigen legte sich zwischen uns, als ich die baumbeschattete Porthsmouth Road entlangfuhr und der malvenfarbige Teer sich wie ein Band vor uns ausbreitete. Ich bemühte mich, so ruhig wie möglich zu bleiben, denn ich fühlte, daß dies ein wirklicher Bruch war, der sich nicht so leicht heilen ließ.

Da wir einander einige Zeit nicht gesehen hatten, denn ich lebte damals in Waterford, hatte sich wohl jeder in seinem eigenen Ich bestärkt: Joyce, die weltberühmte Persönlichkeit, und ich, das unbekannte Nichts – in einem unerklärlichen Zusammenstoß auf der Portsmouth Road.

Dennoch wollte ich mich nicht mit seiner schlechten Laune abfinden, obwohl ich ihm sehr dankbar war für seine ständige Freundlichkeit und Anteilnahme, die er mir während meines ganzen zu einem großen Teil allein verbrachten Aufenthaltes in Paris bezeigt hatte. Ich versuchte ein-, zweimal, ein Gespräch in Gang zu bringen, aber es erstarb sogleich.
Dann sagte Joyce, wohl im Bestreben, wieder nett zu sein, mit leiser, vertraulicher Stimme:
»Ich habe soeben eine sehr wichtige Nachricht erhalten.«
»Worum handelt es sich?« fragte ich, in der Annahme, es müsse die Literatur betreffen.
»Giorgio und Helen haben in Paris einen Sohn bekommen.«
Ich muß gestehen, daß ich kein familiär gesinnter, in Kinder vernarrter Mensch bin. Zudem war ich damals ohnehin sehr schlecht auf die Welt im allgemeinen zu sprechen. Ich hatte Sam Becketts Bemerkung zugestimmt, die er mir gegenüber einmal machte: »Sie hat schon lange genug bestanden.«
»Ist das alles?« erwiderte ich.
»Es ist die wichtigste Sache, die es überhaupt gibt«, sagte Joyce fest, mit bedeutungsschwangerer Stimme.
Ein plötzlicher Verdacht stieg in mir auf; »die wichtigste Sache, die es überhaupt gibt« hieß wohl, daß der Welt ein weiterer Joyce geboren worden war. Noch heute bin ich mir nicht im klaren darüber, denn Joyces Einschätzung seiner Bedeutung konnte sich zuweilen bis zum Wahnwitz steigern.
Jedenfalls schon beim bloßen Verdacht – denn Egoismus hat seine Grenzen – regte sich mein Ärger wieder, und ich sagte: »Ich sehe nicht ein, was daran so wichtig ist. Es ist etwas, das jederzeit, überall, jedermann geschieht.«
Ein gespanntes Schweigen legte sich zwischen uns, als

ich zur Kensington High Street fuhr. Als er vor seiner Wohnung ausstieg, fiel unser Abschied äußerst kühl aus.

Dennoch besuchte ich ihn in den folgenden Jahren, wenn ich in Paris war. Aber unsere Beziehung war nie mehr die gleiche.

Zum letzten Mal sah ich ihn, als ich ihn in seiner Wohnung in einer Seitenstraße der Champs-Elysées besuchte und wir die verschiedenen Reaktionen erörterten, die sein Werk erfahren hatte. Als ich wegging, ließ er sich im engen Gang auf einen Stuhl fallen, auf jene eigentümlich erschöpfte Weise, die er zuweilen hatte, und sagte seufzend:

»Meine Werke sind wohl bürgerlich.«

Seine Bemerkung überraschte mich, denn was hat Kunst mit gesellschaftlicher Klasse zu tun? Im Geist versuchte ich, dem Anlaß dieser Bemerkung nachzuspüren, aber als einzig möglicher fiel mir eine Kritik über Joyce ein, die kürzlich in einem Buch von Wyndham Lewis erschienen war, ein ärgerliches, stark politisch gefärbtes Machwerk, rabiat und oberflächlich.

»Ich sehe nicht ein, was die gesellschaftliche Klasse damit zu tun haben soll«, erwiderte ich, denn ich dachte gerade, daß es kaum Schriftsteller gäbe, die weniger zu gesellschaftlichen Vorurteilen neigten als Joyce.

Als ich kurz auf dem Treppenabsatz stehenblieb, hoben wir beide grüßend unsere Hände – ein letzter Abschiedsgruß, obwohl ich das damals nicht wußte. Dann rief mich eines Morgens in der Anfangszeit des Krieges die *Irish Times* an und bat mich, einen kurzen Artikel über Joyce zu schreiben, da er gestorben sei. Die Nachricht traf mich wie ein Blitzstrahl, und reuevoll und bestürzt legte ich den Hörer auf. So manches hatte mein Leben in Paris mit ihm und Mrs. Joyce verbunden, die mir beide eine stete und so innige

Freundschaft entgegengebracht hatten, als gehörte ich zu ihrer Familie. Sie war nicht etwa zu Ende gegangen, aber sie hatte sich gelockert, wie so viele Freundschaften sich lockern, wenn Entfernung sich unbarmherzig dazwischenlegt und Zeit und Umstände sowie die Verschiedenheit der Charaktere sie dämpfen. Eine Persönlichkeit kann sich eine Zeitlang mit einer anderen verbinden, aber wenn diese Zeit vorüber ist, kehren wir allmählich wieder in die uns eigene Einsamkeit ein. Zurück bleibt nur die Erinnerung an das Feuer, das uns einst beide wärmte, und nichts anderes habe ich in diesem kurzen Buch versucht, als Bruchstücke solcher Erinnerung zu rekonstruieren.